解放日报社　共青团上海市委　编著

梦创上海

迎风起舞的青年创客

上海三联书店

中共上海市委组织部

中共上海市科技工作委员会

上海市人力资源和社会保障局

张江高新区管委会

共青团上海市委员会

联 合 发 起

"上海市青年创业英才开发计划"

千帆竞浦江，青春正飞扬

　　浦江涌动创业潮，弄潮儿向涛头立。人才是上海建设具有全球影响力科技创新中心的关键和基础。人才是万众创新的关键，有了最宝贵的人才，创新才有潜力，创业才有未来。海纳百川的国际大都市上海，正涌起"大众创新、万众创业"的大潮，涌现出一批独领风骚的"双创时代"弄潮儿。

　　解放日报社以大力宣传创业英才为己任，携手共青团上海市委共同编著《梦创上海——迎风起舞的青年创客》系列画册，希望通过图文并茂的形式，多角度描绘上海创业英才们独具慧眼的创新与探索，传递不拘一格的创新理念，直面创业之路的艰辛坎坷，进而展现当代上海创业青年的精神风貌。收录画册中的青年创业者中，有子承父业的"创二代"，也有虽被迫弃学却自强不息的草根精英；有放弃丰厚收入敢于冒险的追梦者，也有从海外学成归来投身科研创新的"海龟"；有一次创业就获得成功的命运宠儿，也有虽遭百般挫折却不言放弃的人生赢家……可以说，他们是上海成千上万青年创客的一个缩影，更是凸显了上海这座城市的创新活力。

　　这本画册有个显著的特点：接地气，道真情。首先，所有的图片来自火热的创业第一线，他们朝气蓬勃，活力四射，眼神坚定、专注、真诚，闪烁着青春的光芒。其次，配以简练的文字，为每一位英才做个素描，勾勒出他们各不相同的创业人生。尤其是生动解答大凡创业者所面临的困惑，诸如你是如何捕捉到创业的契机？你的创业有怎样的经历？你是如何打造创新的团队，你的创业感悟是什么？……画册希望借分享青年创客们的成功经验，给更多的追梦者或正在创业湍流中奋勇搏击的年轻人，以实用的借鉴和有价值的启迪。

创业之路充满荆棘，只有兼具梦想、热情、学习与执着的进取者，才能最终抵达梦想的彼岸。泪水伴着汗水，心酸伴着苦涩，他们勇往直前的精神，不懈创新的品质，攻坚克难的毅力，无愧于万众创新、万众创业的新时代。

借用一位自称"蚂蚁"创业者的话：一只蚂蚁固然势单力薄，但千千万万只蚂蚁汇聚，必将产生难以想象的力量。同理，当千千万万个青年加入创业的行列，上海必将成为一片创新创业的热土。

本画册的出版，旨在为上海青年创业英才鼓与呼！

解放日报社党委书记　**李芸**

和青年创客一起，为梦想同行

　　曾经的上海，只是一座小渔村，正是世界各地的创业者、梦想家源源不断地来到这里，才造就了当年"远东第一城市"的美誉。现在的上海，正逐渐成为"创业者的乐土"，这里有繁荣稳定的社会局面，深厚坚实的经济基础，公平规范的商业环境，当然，还有五湖四海汇聚而来的青年人才。

　　创新创业，是青年主动的职业探索，是青年个体与各种社会资源、社会关系互动作用的过程。这一过程中，青年会面临各种挑战与机遇，青年的能力、性格、社会适应状况等等都将得到充分地显露与磨砺。在经济层面，青年创业，直接推动经济增长，创造了 GDP，同时也为社会提供了更多的就业岗位，维护了社会稳定和谐。在社会层面，青年的创业故事，蕴含着开拓进取、奋发向上的积极人生态度，对全社会都有积极的激励作用。

　　在市委组织部的领导下，在市科委、市人保局、张江高新区管委会的支持下，团市委于 2015 年顺利实施了上海市青年创业英才开发计划，并评选出了首届 32 位年度青年创业英才。他们是青年创新创业的杰出代表，是不同行业和领域的领军人物。在他们身上，我们能够感受到蓬勃向上的朝气、敢为人先的勇气和只争朝夕的锐气。在他们身上，我们还能读到很多不平凡的经历，以及他们对人生的态度，对事业的尊重，对生活的智慧。这些励志而又温暖的故事，正是青年一代所需要汲取的正能量。

创业这条道路并不平坦，但正因为"无限风光在险峰"，只有真正的创业者才能体会抵达成功彼岸的欢欣鼓舞，看到自己"不忘初心"的最终归宿。这个过程，"如人饮水，冷暖自知"，但有了朋友，一切就又不那么难。青年创业英才开发计划就搭建了这样一个平台，能让优秀的青年创客找到自己的同道中人。而我们，愿意成为他们的陪伴者，与他们一起为梦想奋力前行。

我们真切地希望，在上海建设全球科创中心的大背景下，共青团能够发挥好桥梁和纽带作用，通过整合政府、市场和社会的力量，引领和扶持更多的青年创业后起之秀，踏准下一波全球科技创新的节点，站上产业发展和技术革新的高地，为国家的创新驱动发展战略当好先行者和排头兵。

共青团上海市委员会书记　**徐未晚**

刁建敏

在移动互联网风口砥砺前行

———————

年轻帅气的刁建敏掌管着上千人的团队——科匠中国，他是国内首批移动互联网行业的探路人。在黑暗中摸索了五年，走过的弯路都成为了宝贵的财富。刁建敏喜欢运动，尤爱足球。他说："运动是纾解压力、调节工作节奏的最好方法，而足球最能体现团队作战精神。"

坚持为刚，善变为水。移动互联的兴起使科匠中国迎来转机，刁建敏抓住机遇，成功将科匠中国从草根团队引领至行业领先的位置。用汗水和泪水写就的"科匠"创业史，也将成为公司在狂风暴雨中砥砺前行的印证。

作为"中国最大的移动方案服务商之一"，创立至今，科匠中国总计为客户开发了千余款 App，累计下载量近亿。其营业额连续五年实现了将近 300% 的年复合增长率。2015 年，科匠中国与杭州信雅达集团完成并购重组上市，营业额达到 1.8 亿元。

我的创业 契机

我中专会计专业毕业，进了一家财务软件公司工作。白天教用户使用电脑软件，晚上就自学软件开发，慢慢地成为一名程序员。由于我的不断努力和钻研，后来成为公司工资最高的员工之一。

当时，我就萌生了创业的念头。举棋不定中，朋友的一句话"如果你到老了，没有创过业，一定会后悔"，坚定了我的想法。

2005 年，26 岁的我和几个小伙伴，白手起家开始创业。起初，我们开发 ERP (企业管理软件) 没有实现盈利。后来我们研发出一台叫做"短距离无线交互机"的设备，用户可通过蓝牙与设备互动，并创立了"蓝色互动"品牌。

经历了几年时间，"蓝色互动"撬动了科匠的发展，同时也奠定了科匠的核心团队。科匠还打造了微匠、众投调研、应用联盟等多个平台，成功地与多家大企业合作，为客户开发了千余款 App，累计下载量近亿。

未来 5 到 10 年，应该不会再是移动互联网独领风骚的时候，随着整个科技产业大爆发的年代到来，我们已做好充分准备，加大创新、科研、研发力度，寻求更多发展机遇。

我的创业 | 经历

当初创业的想法很简单，就是希望赚更多的钱。我们从最擅长的 ERP（企业管理软件）着手，和两个合伙人开起了公司。问题很快便接踵而来，大企业的 ERP 一般不会做很大的更改，微小企业几乎没有此类需求。公司前景越来越渺茫，两个合伙人也相继离去。虽然我也动摇过，但我是个很要面子的人，当初是我把员工一个个招进来，不好意思跟他们说解散。

之后，我们利用手机上的蓝牙功能，研发出一台叫做"短距离无线交互机"的设备，我们东拼西凑了数百万投入生产设备和布点。这一运作方式在现在看来也没有过时，但当时却以失败告终，最主要原因在于那时智能手机尚未普及。折腾了两年，我们打出去的都是空拳，也感受到了市场寒风凛冽，大凡行业的"探路人"，往往面临成为"先烈"的风险。

2007 年，我们接触到了多普达手机，与如今的智能手机相比，应用极其有限，却带给我无比的震撼。我意识到机会来了，智能手机的出现就像打开了一扇窗户，让我们看见一个新的世界。。

2009 年，在第二次跟合伙人吃散伙饭的时候，我们接到了手机端应用开发的外包项目。对我而言，没有什么比活下去更重要。没有太多想法，客户要求什么，我们就做什么。

2010 年，苹果手机掀起时尚风潮，智能手机逐渐普及，"蓝色互动"也得以实现 80 万元营业额，毛利率约为 40%。那一年的春节，我和我的合伙人第一次每人分到了 5 万元。不禁开玩笑说，"蓝色互动"是从万人坑中爬出来的。

我的创业 团队

2015 年，科匠十年，破茧成蝶。公司从 10 名员工发展到千余名，年销售额过亿，在北京、武汉、西安、沈阳、广州、深圳分别成立了分公司，业务遍及全国。企业做大后，问题也逐渐显现，工作效率开始下滑。作为管理层，效率和风险之间需要找到一个平衡点，考验着我们的功力。经过慎重考虑，也经过激烈的争论，公司管理层决定改革——实行内部独立负责制，将公司千人分为近 30 个"公司"，每个团队 40 人左右，独立核算，公司放权给团队负责人。

经过一年的运行，证明独立负责制更适合科匠的现状，每个人都具有主人翁精神，大家都为着共同目标而努力。

我的创业 感悟

面对迅速发展的互联网时代，根据市场适当调整自己的方向才是明智之举。科匠定位为移动商业整合商，不只提供开发，还提供咨询、规划、研发和合作等一系列服务，这是坚持与变通商业哲学的实践。

未来商业，皆在移动。科匠的目标将是寻求技术与商业模式的新突破，打造企业级移动应用，让每一家企业实现移动互联梦想，成为中国领先的移动方案服务商。

这个梦想的核心，就是专注于企业级移动应用需求。

王伟

引领生鲜行业标准化

———————

也许是天命所定，在互联网行业历练多年后，王伟仍旧选择子承父业，不过这次是在互联网上"卖"水果。

少年白头一点也掩饰不住王伟内心的活力与激情，一谈到水果，就像按下启动键，兴奋无比。在他心中：水果是有生命的，他的愿望是让中国人都吃上最优质的水果。

2015 年，天天果园的销售额突破 10 亿元，成为如今中国最大的水果生鲜电商。此时，引领中国生鲜行业标准化，又成了王伟的终极目标。

契机

我的创业

我的父亲 70 年代初从部队退伍后，在上海做水果生意。从水果摊做到大卖场，我从小跟着父亲，对水果也有着特殊的情结。我很崇拜父亲，他很厉害，凭经验光看颜色，摸一摸就知道水果的好坏。

在大学里我读的是通信工程专业，毕业后进入互联网行业，几年的职场历练，让我看到了互联网市场的潜力，渴望能对水果市场做点"文章"。

2009 年，我把"水果摊"开到了网上，天天果园诞生。那时，网上买水果还是新鲜事，水果电商的总体销售额都不会超过 5000 万元，还不如摆水果摊挣钱。很多人都认为，在网上买水果是件不靠谱的事情，品质根本无法确定。但我看到的却是机会，水果拥抱互联网，会造就很多新商业模式。

与水果打了几十年交道，对水果业面临的问题了然于胸。第一，一些好吃的水果受困于缺乏销售渠道；第二，好看的水果买到家里就未必好吃；第三，价格居高不下；第四，水果产地难以溯源。如何想方设法保证水果品质，才是企业生存的根本。这必须解决两大问题：冷链仓储系统和物流配送。冷链仓储系统可以保证水果有稳定的供应链；建立自己的物流团队可以保证物流配送快捷、稳定、体验良好。

2013 年，我们推出王牌产品"女神樱桃"，利用 C2B 模式，通过预售方式，在一周时间内卖出 168 吨美国大樱桃，引发业内关注。

2016 年初，天天果园获得京东领投的 D 轮融资，金额为 1 亿美元；8 月，又获张江高科参股的基金公司 1 亿元人民币的 D+ 轮融资。

我的创业 | 经历

　　创业初期，我买车亲自配送水果。水果是有生命周期的，如果不保证运输的安全快捷，就对不起水果，也对不起用户。天天果园有一个采购团队，我亲自带队，足迹遍及全国乃至世界各地，为的是严格把关采购环节，选择真正好吃的水果，并跟踪果园生产的流程。

　　我们努力打造生鲜行业的闭环：从全球采购开始，到仓储、分拣体系，再到营销体系、配送体系和售后服务体系，形成一个完全独立自主的销售通道。一般都先给供应商提供标准，由后者进行产品分选，再通过第三方承运商进口到中国。针对不同水果的个性化温控需求，制定相应标准，比如车厘子在出口前必须在 2℃ -4℃预冷 24 小时，再迅速风干放进冷柜、集装箱。

　　在国内，水果的问题源自上游产业链的粗放式管理，水果市场缺少统一的标准。国外相关行业协会按照标准去指导果农的生产种植，中国的水果行业也应该建立自己的标准，才能解决上游的诸多问题。

　　今年，我们不惜重金在云南建厂，迈出探索水果行业标准化的新步伐。"橙先生"是天天果园第一款由自己在产地进行分选的产品。仅这一步，就让中国的橙子分拣、包装水平，从落后达到先进。

我的创业 | 团队

　　创新是团队的基石，我们贴近政府倡导的"互联网 +"主导思想，需要大幅创新，大幅提高行业水准，当然关键是激发员工的创新思维。

　　天天果园按照现代企业制度运营，让每个员工都有一个人尽其才的工作环境，每个人都能得到成长。同时，公司分配了大量的期权给员工，未来天天果园是一个全员持股的公司，让每个员工都能从企业发展中受益。

感悟

我的创业

创业伊始，我们就制定一个十五年规划：前五年学习国外的标准，第二个五年引进国外标准，后五年制订自己的标准。我们正处于第二个阶段。一个公司的价值不是赚多少钱，而是能不能有益于帮助、带动行业发展。我们视推动中国水果行业标准化发展为己任。

回首创业历程，天天果园在生鲜电商领域的成功离不开三个要素：第一是对水果行业的热情，所谓"初心不改"。创业不能跟风，因资本驱动而选择某个风口创业是不能够长久的。第二是坚持，尽管也曾遇到过山穷水尽的时候，但坚持让我度过了难关。第三是分享，步入互联网的时代，要懂得分享，分享才能够带着团队进步。

商品品质和服务体验是用户最关心的，这也是商业的本质，好的商业一定要有创新。在电商扩张的年代，我们更要深耕细作。

王海

让中国智造赋予建筑新生命

　　有人说：未来属于中小企业，属于那些能够提供 1% 核心技术的年轻人。今年三十出头的王海，正是掌握了核心技术的青年精英。

　　2007 年栽下创业的"种子"，2012 年接下"上海中心大厦"第一单，2014 年为上海迪士尼搭建"隐形桥"，2015 年外滩国际金融服务中心成就建筑灵动之美……看似一路挂挡直冲的创业之路背后，实则是这个典型的理工男，从专注技术到企业管理者身份的迅速转变，他用跨界的技术思维和清晰的商业逻辑，实践着他最初的创业理想——赋予建筑新生命。

契机

2007年，我从同济大学机械设计及理论专业研究生毕业，在一家公司供职。那个时候不仅做项目，还搞研发、钻技术，工作涉及很多领域。在新天地做的一个移动餐厅项目，让我找到了未来创业方向——移动建筑专业定制。当时我就判断：未来的商业建筑，不管是艺术性，还是功能性，对智能定制产品的需求会越来越多。而我的优势恰恰就在于技术"跨界"：将机械自动化融入建筑，这在国内尚属新兴领域。

2012年我刚好而立之年，也没有征求多少人的意见，就出来创业了。"单干"后的2个多月，我就遇到了创业路上最重要的一次机遇，也是最重要的一次考验。

当时在建中的中国第一高楼——上海中心大厦遭遇大型玻璃幕墙设备的设计"瓶颈"。上海中心大厦有七个区域，每个区域都有重达500~800公斤的大型玻璃幕墙，需要不定时开启和关闭。所需移动的玻璃幕墙尺寸大、质量重，相关的设计须能在六级风以下的自然条件中正常工作，且在强台风及地震荷载下安全可靠。一边是高难度的技术要求，一边设备停靠及可操作空间又非常有限，怎样突破这些技术难题？当时，工作人员设计的多个方案都无法满足几近苛刻的要求。负责这个项目的设计人

员曾经跟我打过交道，知道我的技术能力，于是就找到了我。我马上组织专业设计团队加紧设计并讨论方案，最后我们交出的智能设备方案简洁又安全可靠，得到了业主的一致认可。这个方案我们还申请到了四项发明专利。

我的创业 | 经历

　　拿下了"上海中心大厦"第一单，挣到了第一桶金，我就迅速组建团队，又遇上特具挑战性的案子。那是在上海的新地标——外滩国际金融服务中心，要设计建造一座文化演艺中心，它的外观就像中国古代帝王帽冠前檐垂下的幕帘，共三层，梯次长短，每层都围绕整个建筑旋转。但是，设计师这种独特灵动的设计真正"落地"，需要克服特别多的技术难题。

　　我们设计的整个移动幕帘系统，不仅让幕帘流畅灵动地展现动态美感，还设计了能够通过手机 APP 来操作控制整个移动幕帘，融入了物联网技术。随后我们团队又走出国门，向科威特国家银行输出"中国智造"，与全球顶尖同行竞标全世界最高楼"沙特国王塔"的智能系统。

我的创业 | 团队

在 3 年多的时间里，从我 1 个人到 5 个人，再发展到 30 人的团队，凭借核心技术，已经奠定了在这个新兴领域的引领地位。

虽然整个团队很年轻，但流动率很低。作为公司管理者，我还是很重视激励机制，干得好，肯定在薪酬方面会有提升。而且我也希望能够为员工创造更好的条件安心工作。团队大多来自五湖四海，我们为外地单身员工提供宿舍和食堂，我想最起码他们不用每天都去挤公交地铁，能够省下通勤的时间、精力和成本。

现在，公司通过组织构架的设计，通过项目考核和激励的方式，让每个人都很清楚，通过什么方式为公司创造多少价值，自己也能从中相应收获多少认可和回报。

我的创业 | 感悟

在为著名地标建筑定制移动系统的过程中，我其实也是在了解高层建筑的"痛点"。其中之一，就是高楼外窗清洁完全依靠"蜘蛛人"，这擦窗保洁看似简单，实际上门槛不低。我就和团队想到研发专门针对这些高层建筑的商用"擦窗机器人"，预计今年年底我们的样机就会问世，未来这样危险的工作就交给机器人吧。这意味着公司的整体商业模式将发生巨大变化，不再仅仅做工程，而升级为提供持续服务，并批量复制获得规模效益。

选择创业就是选择了一种生活方式。从一名理工男、"技术控"，成为一个企业的掌舵者。每天公司的各种决策性问题，都会在我心头萦绕，反复斟酌。这是作为掌舵人必须背负的压力，也是创业最大的挑战。我们不仅要有工程师的严谨和钻研精神，对公司的商业模式、团队管理的思考也要日臻完善和周到。

王卓耀

助力移动医疗大发展

———————

　　计算机与医学，看似截然不同的领域，却在王卓耀的人生中"牵手"，迸发出耀眼的创业火花。他将先天优势与专业学识融会贯通，成就此生追寻的事业。

　　王卓耀，一位出身于医学世家的优秀计算机专业博士，曾留学德国潜心科研，聚焦移动医疗。学成后，他毅然放弃国外优越条件，回国投身创业浪潮。走过五年创业路，王卓耀从最初的学术型人才，成功转型为商务人士。他奋力攀登科技高峰，打造"爱壹得"移动医疗领域精英团队，整合移动医疗系统优质资源，并推动技术进步。如今，王卓耀团队已经成为国内业界领先代表。

2005 年，在德国留学期间，我开始参与研究移动医疗信息化技术。可以说，我们是世界上最早研究移动医疗者。我所在研究团队的核心来自欧洲信息枢纽——卡尔鲁斯厄工业大学信息化项目研究中心。八年中，我们的科研团队与 SAP、Siemens、Apple 合作，参与了欧盟斥资十亿欧元打造移动医疗基础技术的项目开发。

身在国外，我始终心系祖国。在欧洲市场，移动医疗的推行与应用范围狭窄有限，而中国医疗行业则发展潜力巨大。移动医疗事业正在起步，政府政策利好不断，资金等支持充足，这正是我学以致用回报祖国，并实现个人价值的大好时机。我决定放弃海外年薪百万的工作，回国专注打造属于中国的一流移动医疗产品。

2011 年，我获得"千人计划"项目的机会，带着在德国十年的移动医疗信息化建设技术经验与自主知识产权回到中国，成立了上海爱壹得信息科技有限公司（AID），负责推广移动医疗概念，希望通过信息技术实现医院诊疗的无纸化、无胶片化。

爱壹得科技将世界顶级移动医疗解决方案引入上海公立医院："移动查房" 使医生更快、更直接地获取与录入病人相关资料；"移动护理" 辅助护士完成所有病房内与时效性相关的护理工作；"移动影像"可汇总区域医院或医联体的医疗影像资料到数据中心。

同时，我们着手打造以首诊为中心的分级诊疗平台和公共卫生健康信息平台，为居民建立家庭医生移动信息平台，形成中国最早的移动分诊模式。当下中国社会老龄化问题加重，医疗压力巨大。我们开发的家庭医生移动信息平台，提升了社区居民对家庭医生的信赖感和依从性。目前上海已有五个区在着力推进相关平台建设，近 90% 的老人选择了家庭医生，扭转了以往对社区医院的漠视。

目前，我们正在努力与政府合作搭建大型区域影像平台。例如"医联体"转诊会诊项目，可收集医联体所有数据，全国各大专家均可在相关平台上进行医学互动，实现专家远程会诊。相比国外，我们的技术非常适合在国内使用。

契机

我 20 时就萌生了创业的念头，尝试着做生意，由于缺乏经验，第一次创业很快就夭折了。

2008 年，金融危机席卷全球，国家计划投资 4 万亿元，推进重点城镇基础设施和公共设施建设。我敏锐地意识到，随着建设项目的推进，市场对配电设施需求大增，微机保护装置作为配电设施中最为核心的产品，也将迎来新机遇。

我和三个小伙伴定下了"聚仁电力"的名称，寓意"聚才德广，仁而下士"，开始了第二次创业。我们广招英才，延聘多名研发人员，每年研发几款新产品。2014 年，聚仁电力在业内率先推出"电压综合测控单元"。该产品大大节省了用户的使用成本，一台装置的作用可替代以前的四五台，但每台成本只有之前一台的四分之一。

目前，聚仁电力已拥有六家子公司、四个品牌，在上海和浙江设立两个生产地，集研发、生产、销售、服务于一体。

聚仁电力不断创新升级，变身"创业孵化器"，希望借此"孵化"更多创新企业，来回馈社会。打造"草根带草根，草根抱团"的创业模式，成为我的梦想。

我认为，要让"草根创业"走得更好，全社会应该倡导敢为人先、宽容失败的文化氛围。让每一个有才能、肯拼搏、愿奋斗的劳动者，都可以通过公平竞争平台，获得自己人生出彩的机会。

我的创业 经历

2013 年底，我开始扩张公司，从最初的 50 余人，一年之内扩张到 120 多人。然而当经济形势急转直下，虽然我有过预判，但没有想到影响如此之大，同时也是由于高估了自己的能力。这么一折腾，公司整体业务提升比较缓慢，我也面临着极大的压力。经过这件事，我也学会了看清自己，千万不要高估自己，也不要低估别人，更要有敬畏之心，顺势而为。

创业的"坑"其实很多，多年创业一路走来，我遇到的波折不少，稍不留神也掉过坑。资金风险、人才流失风险、政策风险……风险时刻存在，关键在于提升自身能力。应对各种风险是最严峻的挑战，创业者内心要足够强大，我认为自己是一个乐观并且有信念的人。

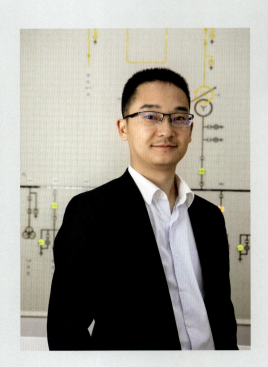

我的创业 团队

我们公司的团队建设采取合伙人的制度。比如，有个项目一年的产值大约在 1200 万左右，本身这个项目需要 10 人完成，但通过合伙人制分包以后发现只需要 5 人，这就降低了公司的运营费用，并且提高了产能和效率。

这其实是一种分红模式，团队与公司进行分红。减少团队的人员，降低管理成本，并且优化以前的产品，使企业处于最佳的运营状态。这样，整条生产线的效率与利润就都提高了，公司和团队都能分到更多的钱。

我最需要把控的是团队的价值观建设，这很隐形，但一定要抓。此外，我兼顾自己强项的销售平台和采购平台，因为如果小团队单独采购，不具备议价优势。我们成立了一个大物资中心，这样就可以集采集招，对采购的成本和供应量的管控有很大帮助，最后再将这些成本通过核算分到每一个团队手里。

我的创业 | 感悟

　　我相信公司成功创业只是一个开始，接下来我还会有第三次、第四次创业的方向。聚仁电力将成为我未来发展的基石，但这不是我最终的目标。

　　选对方向十分重要，我现在也非常慎重，每次创业都是一种积淀，无论成与败都是好的。我现在蓄势待发，想尝试第三次创业，但首先要把目前的事做好，然后去发现更好的机会。我现在考虑得比较长远，选择方向时，要看五年后是不是还有发展的动力。

　　很多创业者身上最缺的就是行动力。但行动不是蛮干、乱干，行动是去做力所能及的事情，力不能及的事情先放放。在脚踏实地做事过程中，创业者会不断成长、不断进步，变得强大，到时，以前做不了的困难事情自然会迎刃而解。

田方俊

致力打造口腔一站式服务平台

田方俊低调沉稳，从中国的牙科行业现状开始，向我们娓娓道来，言谈之间更像是一名学术专家。

一位可以卖掉婚房去创业的男人，可见其眼光和魄力非同一般。短短 6 年时间里，从 100 万元起家，到公司年销售额达数亿元，田方俊在创业路上一次又一次创造着传奇。如今，上海博恩登特科技有限公司成长为一家由投资公司控股，集口腔设备耗材研发、生产、销售及临床培训为一体的高科技领先企业。

大学毕业后，我进入一家从事口腔材料的医疗企业，对行业、对客户的需求不断深入思考，一有机会接触国内和国际一流的专家，就主动上前交流并向他们请教。两年时间内，我从一线销售员晋升为全国销售总监。

四年的工作磨练了我的眼光，我也在摸索中找到了新的机会。当时国内需要推广和普及显微根管治疗技术，我也正好面临发展的瓶颈，于是我毅然选择了创业。2010 年。创立了上海博恩登特科技有限公司。通过实业＋互联网、医疗＋教育模式，力求打造一个健康的口腔医疗生态环境，提升中国口腔医疗机构技术产业结构和水平。

在欧美国家培养一个牙医要投入很长的时间，本科毕业后要经过十年才能成为一名基础牙医。在国内，牙医的培养体制参差不齐，教育水平堪忧，急需引进国外优秀的医疗学术体系，提高中国的医疗水平。同时，口腔医疗行业需要好的产品，只有通过不断引进外国先进技术和自主研发成果来降低成本，才能让更多基层民众受益。

在国外，家庭牙医十分普遍，大多数人的牙医是固定的。由于国民普遍缺乏预防意识，只有不到 20% 的患者会去看牙。看牙不是一种享受，但至少不应该是一种恐惧。我们将通过互联网，建立分级转诊和远程会诊体系，构建起完备的牙医诊疗体系，使每个家庭都有合适的牙医。

我们坚持做了两年的线上公益培训，为口腔医生提供一体化的教育和培训。每周一到周五，晚上八点半准时开课，通过 300 多个微信群和 APP，全中国超过 8 万牙医汇集在我们的公益培训群里，聆听国内外的牙科专家结合具体案例所讲授的课程。听课的牙医比例占到全国牙医总数的 50%。

我觉得与成就一番事业相比，有形的房子并不重要，一生碌碌无为才最遗憾。2010 年，我将自己新装修的婚房卖掉，将出生不久的儿子送到父母身边，带着 100 万卖房资金开启了垦荒式的创业旅程。

我的第一个突破口，是获得德国徕卡口腔显微机构的信任，并取得唯一的中国代理权。当时徕卡在国内口腔领域的业务基本为零，短短三年时间，公司的销售额从 0 做到数千万元，徕卡显微镜市场占有率从 0 提升到 50% 以上。

我认为，很多事情偶然中有必然，最重要的是眼光。首先，当时的显微治疗市场基本空白，与国际接轨是行业发展的必然方向。其次，公司做的是教育，是与国内一流的专家合作，不断地举办各类学习班，帮助医生成功掌握这一技术。我做的是医疗 + 教育，意味着需要把所有的利润都投入到市场去，投入到客户需要的地方去。

一路走来，甘苦自知。创业初期，我们也曾面临过人才的短缺，团队的不理解，客户的不信任，资金困难等等问题。但我相信天道酬勤，当你足够努力，哪怕到无路可走的时候，上帝会给你开启另一扇窗。只要你坚持诚信为人，竭力做事，任何艰难困苦都可以克服。

我的创业 团队

团队的核心是要有一个共同的目标、宏伟的愿景。这不是指企业要做得多大，要赚多少钱，而是如何最大程度地实现企业的社会价值。

在这个大的愿景之下，团队有了每个人的奋斗目标，这样才能有持续的创新力和凝聚力，我们提倡一种合伙人文化。从单一业务，发展到口腔平台，公司年销售额已过亿元，并顺利获得多轮融资，公司今天的成绩是靠所有员工共同努力实现的。

我的创业 感悟

未来，我们希望加大自主创新和研发的投入，能够多研发和生产世界一流的口腔设备和器械，降低医疗成本和提高效率，打造中国口腔一站式服务平台，让广大患者接受先进的口腔治疗和牙齿保健。

我始终认为，不要把成绩看得太重要，只要坚持去做正确的事情，一切都将水到渠成。能够通过自身的努力，推动口腔医疗行业的发展，是我创业中最美好的事。

吕桂华

激情不减，牛气冲天

————

七牛的"客厅"有些独特，转角是一大块类似体育场的木质台阶，七牛客户的 logo 布满了背景墙，台阶上任性地放着几个"牛小七"吉祥物，员工们通常随意地坐在那儿，展开的却是头脑风暴。

七牛的联合创始人吕桂华颇有技术范儿，但也有着"牛小七"的呆萌。他说，之所以起了这么个外人看来很"不知所云"的名字，是希望公司未来能够自由发展，公司名字和业务没有关联，这样团队便拥有足够的想象力、创造力。

其实，吕桂华也很牛气，短短几年，带领团队将"七牛"打造成了国内最优秀的云服务企业之一。

如今，越来越多的传统企业开始把数据存放到七牛。据不完全统计，七牛在移动互联网、Web 2.0、媒体、电商以及游戏等领域，拥有超过 50 万家企业级用户。

我的创业 | 契机

2001 年，我从浙江大学机械工程学专业毕业，进入金山软件，参与 WPS 新版本的需求分析、架构设计和核心模块开发。三年后我又入职群硕软件，为微软 Visual Studio 部门、ERP 部门、SAP、EA 等，创建和管理多个项目开发和测试团队。五年后，我跳槽到新公司——盛大游戏，负责组建和管理服务器平台部门。

多年的软件和互联网工作经验，让我在办公软件、企业服务、网络游戏、云计算和大数据等方面积累了丰富的经验，也训练了我对于行业变化的敏锐触觉。可以说，互联网时代分为两个阶段，一个是娱乐阶段，一个是实用阶段。互联网发展的前十年是"玩具"阶段，我们用它来玩游戏、看新闻，那时如果没有互联网，人们的生活不会有太大改变。但是进入后十年，互联网就进入了实用阶段，人们会发现没有了互联网就没有办法生活。想象一下，如果没有了淘宝、京东这些电商，我们的购物会变得怎样？

其实不仅是互联网，云也一样。在可以预见的未来，云将融入人们的生活。云将成为生活中不可或缺的一部分。未来有一天，人们会发现：离开了云，生活会变得很困难。2011 年，我与在金山软件公司认识的同乡许式伟一起，创办了七牛云。

我的创业 | 经历

创业不是苦情戏，而是选择一种思考模式。公司初创的每一步，都尽量稳扎稳打，因此倒没有遇到太多比如工资只够发一个月，或者核心团队打起来之类的戏剧性画面。但是整个过程，都在持续抗拒着各种可能导致我们走偏的诱惑。我们在创业几个月后，产品刚上线就接到一家财大气粗的公司的需求，希望我们团队能终止公有云业务，全力给他们做定制化的私有存储系统。我们经过了谨慎考虑后，果断地拒绝了这位"财主"。如果当时没有抵制住这个诱惑，团队就会偏离方向，也不会有现在这个独立发展势头良好的七牛了。

目前七牛已经拥有 50 万企业客户，管理超过 2000 亿张图片和 10 亿小时的视频。而新推出的直播云服务，已经接入了美拍、熊猫 TV、龙珠、懂球帝等近千家直播平台。

我的创业 | 团队

　　七牛人都有一种非常纯粹的创业激情，也是大家能够在创业过程中战胜困难和挑战的关键因素之一。遇到难关，大家不会左顾右盼，而是一起快速想办法把它解决掉。简单说，认认真真做事比什么都重要。七牛的规模目前还不大，希望能吸引更多优秀的人才，不断弥补自己的短板，提升技术实力，形成让人难以复制的优势。

　　我们用人的基本原则：永远把人放到一个对他而言既想达到但目前又还没达到的高度上，让每一位员工尽自己的努力和聪明才智，去胜任各自的岗位。当他经过挣扎胜任了岗位后，通常又有了新的挑战在等着他。因此，七牛的核心成员在经过几年的奋斗后回首来路，都会非常惊讶于自己的成长速度。

我的创业 | 感悟

　　我们的目标是将品牌从七牛云存储升级为七牛云，成为一家仍然以数据为中心但产品组合更加丰富化的公司。今年 6 月 30 日，我们发布了长期研发的直播云产品，在年底之前还会持续上线，紧紧围绕着数据管理主题的多个产品，涉及到大数据、机器学习、智能运维等领域。有了更多产品的支撑后，我相信明年公司的业务会提升到一个新的水平。

　　对于五年的创业历程，我觉得现在越干越有激情。创业后，你会思考越来越有挑战性的问题，做越来越有挑战性的决策，这个过程中，你会深深体验到其中的乐趣。这个乐趣，和你玩游戏打怪兽的感觉是一样的。打更大的怪兽，你会得到更多的乐趣，得到更多的回报。

　　除了激情，创业需要坚持，需要对自己的事业有深入了解，然后再去踏实地沉淀下来努力，一夜暴富只是幻想。创业是解决困难的过程，最终做好长期抗战思想准备的人，才能够走向成功。

孙伟国

做盾构机的"千里眼"

————————

　　走进会客室，眼前的红木桌椅、中式茶具和墙上的字画，让人难以料想，这家公司的掌门人是位 30 多岁的年轻人。爱好中式复古家具和古玩收藏的孙伟国，言谈举止之间有超出同龄人的沉稳和缜密。

　　12 年前，孙伟国毕业于武汉理工大学机电一体化专业。如今，他在创业浪潮中不断探索，凭借敏锐眼光，及时捕捉到工业互联网领域的商机，开发出国内首个"中国盾构中心"平台，获得了可观的市场份额。

　　在创业路上，他深谋远虑。站在当下看未来，为进一步构建强大的工业云平台，孙伟国脚踏实地，志在千里。

契机

创新的灵感来自用心去思考，广泛听取各方的意见，结合自身行业进行分析。我在做工业互联网时，参考了很多互联网赚钱的模式，深入思考，如何结合互联网思维去做事情。

我十分认同马云的商业哲学"免费的就是最贵的"。在商业运营模式上，我们创新使用开放的全行业平台模式，平台免费使用，所有拥有盾构机设备的厂商都可以接入使用，只需支付每台设备的服务费而已。在产品没有竞争力的初始阶段，颠覆了原先的商业模式，从客户需求出发，大大降低了对方成本。相较于之前购买监控系统上百万的昂贵费用，现在每台盾构机每年的服务费只需几万元，根据设备的实际接入数量收费，对于厂商而言，省钱又省力。

工业互联网时代，公司在新的突破口中重振雄风。团队所研发的"中国盾构中心"平台，可以远程监控管理中国150多台盾构机，占全国市场的15%。

我的创业 | 经历

创业过程还是是比较艰辛的，困难是多方面的，来源于资金、资源、队伍的压力，在各方面都缺乏的情况下，考验的是智慧、决心和心智。

2009年创业之初，我们主要业务以传统的自动化为方向，从事电气系统集成和数据采集系统开发。在市场成熟的传统行业，微小企业的生存并不容易，创业前四年，活下来是首要目标。我不断探索，试图寻找行业中新的方向和机遇。

2013年，国家工信部出台《工业互联网白皮书》，释放了国家大力推动自动化和信息化深入融合的信号。我看到了工业互联网的发展前景，并敏锐洞察到其中的商机。

近年来，全国轨道交通工程建设项目如火如荼，在这些复杂而庞大的地铁施工中，盾构机是地铁建设中必不可少的一环。但是，盾构机设备种类多、施工建设单位多和施工队伍素质参差不齐等因素，对集团的盾构机管理提出了很大的挑战。施工过程中大型设备非常关键，不能出现故障，否则会影响进度和安全，建设一套远程的监控系统十分必要。

结合迫切的市场需求，我们立即着手有关盾构机远程管理系统的研发。原来监控都只是在现场，但随着施工的跨地域，一个集团不可能只在一个现场开工，通过远程监控平台，各地的信息可以直接汇总到总部。研发监控中国所有地铁盾构施工设备的平台，成为团队转型的第一个项目。

我的创业 团队

创新团队有三方面：技术创新、模式创新、管理创新（包括公司组织架构、组织模式的创新）。找到人才、善用人才、留住人才。

人尽其用主要体现在两个方面：第一，善用人才，知人善用，了解员工具备什么能力，能把哪些事做好，为员工设定更高一些的目标，逐步帮助他提高。第二，对员工要有反馈，告知他，哪些是做的好的，哪些是不够的，要给予员工激励和信任。

我的创业 感悟

关于企业未来的展望，我们希望未来在工业互联网领域，把自己的平台以免费的方式，向整个工业行业进行开放。让更多中小型企业、不具备能力开发的工业企业，能够使用我们的平台。当流量聚集之后，我们可以在其他隐形的方面，比如硬件方面做到盈利。通过互联网监控全球数以亿计的设备，对这些设备的资产做健康运营服务。

创业最重要的是选择方向，方向一旦选好，要坚持走下去，过程中不断进行修正、完善，不断挑战自我，最终达到人生的高度。"站在未来看未来"。创业者不能将眼光局限于当下，要站在未来看未来，知道未来的价值，并顺势而为。比别人多一些深谋远虑，才能决胜于千里之外，在大势中立于不败之地。

孙晓丹

创业浪漫如彩蝶

——————

英文名叫 Cindy，大家习惯性称孙晓丹为辛小蝶。

　　一身鲜亮的红衣，长发及腰，眼前的辛小蝶英气十足。说话语气坚定，直击重点，如同她公司的 logo，红色靶心，一击即中。

　　作为猎上网的创始人兼 CEO，辛小蝶以果敢的性格跻身互联网大军中，开创"互联网＋猎头"的新商业模式，重新定义猎头概念。创业目标非常明确：重新定义人才招聘。她自信地说："我们是首家对结果负责的招聘网站"。辛小蝶觉得，在茫茫人海中寻觅人才，浪漫而多姿多彩，犹如百花丛中彩蝶飞。

我的创业 契机

大学毕业后，我的第一份工作就在猎头公司，入职不久就打破公司的两项纪录——成功推荐的人数最多和成交额最高，成为公司新人中的佼佼者。

21 个月后，我赚到了第一桶金，就开始创业，成立了自己的猎头公司——Unitop，几年后，公司年销售额已经达到 2000 多万元。我并不满足于当时的生活状态，本性爱折腾的我开始迷茫，全国猎头公司上万家，我能排到老几？为什么我只能做到 2000 万，而不是两个亿？我在众人的一片惊叹中，关闭了盈利中的猎头公司，跳出"白富美"的舒适圈，开始了自己的第二次创业。

"互联网 +"让我看到了未来的趋势和机遇，猎上网的定位就是做对结果负责的招聘网站，而这正是众多招聘企业关注的核心。将 6 万猎头按行业精细划分，根据雇主企业发布的职位推送至相关猎头，专业的职业匹配师同时跟进，确保雇主能够实现精准招聘。猎头推荐候选人之后，最快的一家公司当天就面试了候选人并且发出了 offer。专人做专事，高效精准的服务，也能换来企业雇主认可，企业进入良性循环。

猎上网正在为整个行业做基础建设，希望持续推动行业的技术进步，提升招聘服务的价值。技术和模式的不断创新，使得猎上网在行业中更具竞争力。

我的创业 经历

我第一家公司开在北京，第一年说实话也有些害怕，但是我鼓励自己，就当换了个办公室，换个电话号码，放平心态。然后，我开始"招兵买马"，实际上就招了两个人，一个大学毕业生，一个刚做猎头四个月的。我们三个人，努力工作了一年赚了几百万，随后在上海开了分公司。

移动互联网时代，对结果负责、不浪费雇主的招聘预算，才是最具价值的招聘服务。猎上网承诺：如果候选人没有通过试用期，将退款给招聘企业。这一创新模式赢得企业主叫好。以往说到猎头，人们总是将其和"贵"联系在一起，大多数企业只是在需要招聘中高层员工时才会动用猎头。猎上网经过调研，将每个岗位的招聘佣金根据层级，让雇主企业自行设定。因此，很多雇主企业不仅在猎上网发布中高层职位，逐渐将一些热门难找的三五年经验的职位也放了上来。

刚开始，有人质疑这个价格拉低了猎头的档次，在我看来，对猎头来说，将 3-5 年工作经验的候选人加入业务范围，让各种层次的候选人都能有匹配的职位可推荐，反而有助盘活"沉睡简历"，提升猎头的单位产出。

2013 年，猎上网平台上线，2014 年获得华创千万美元 A 轮融资，11 月份由红杉领投、IDG 跟投，B 轮成功融资 2000 万美元。两年时间，我们创业团队就从 20 平米的办公室，搬进了 4000 平米的写字楼。

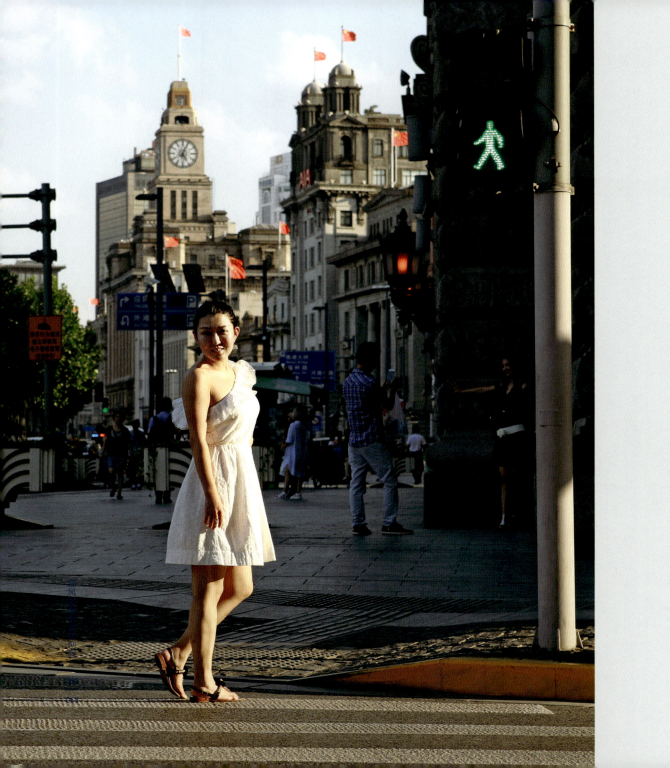

事儿上见

我的创业 团队

公司非常注重技术开发，技术其实很美，蕴含着完整的逻辑性。目前，猎上网的核心技术团队达到了 80 人。我们最核心的合伙人就是首席技术官，彼此一直开玩笑说，我是来自于 offline（线下）的，你是来自于 online（线上）的，所以我们这事儿还是个 O2O 的事儿。

刚开始组建团队也并不顺畅。团队大多数都是男同事，我相对又比较强势。我们的销售总监是一位运营能力很强的人，有一天，他找我开诚布公地说了自己的心里话："以后即便我工作做得不对，或是未完成公司拟定的目标，你能不能用温和的语气与我沟通？"这一番话似乎敲醒了我，我开始反省自己的管理方式，声高气盛那不是权威，真正的权威在战略上引领团队，有担当敢冲锋，懂得换位思考，给团队成员带来正能量。

我的创业 感悟

"保持理想，保持童心"，是公司定下的企业文化。小孩子就从来不知道害怕，对未知的好奇心会让他不受框架拘束，勇敢尝试。就算跌进坑里，爬起来就是了。

创业的得失之心不要太重，大家都希望成功，但我觉得成功是运气，失败则是常事。最重要的就是，要认准所做事业，即便失败了，这个过程也会让人生经历不同的旅程，而这个经历可能是未来成功的新助力。其实创业这件事儿挺不靠谱，正因如此，才特别浪漫。

李明伟

否定自己，才能成就自己

————

李明伟谦和有礼，心态乐观，言谈间不时爆出思想的火花，对他访谈是一种享受。他说，创业就是否定过去，才能成就自己。

2012 年，上海爱有网络科技有限公司成立，旗下的"西十区"票务网站，迄今已正式运营近 4 年。从 2013 年 2200 万元交易额，到 2014 年 6300 万元，从去年的 1.6 亿元到今年的 5 亿元，"西十区"已经覆盖国内 53 个城市，快速成长为中国最大的一站式票务交易平台之一，被誉为中国的民间票务交易所。

我的创业 契机

在《21世纪经济报道》、《中欧商业评论》的工作经历让我更加了解企业之间和谐共存之道，了解了商业逻辑，并通过与各个企业的交流、学习收获了企业内部管理知识，这些都成为我人生中的宝贵财富。10多年的工作经验让我开拓了眼界，也洞察到了互联网迅猛发展的气息。

五年前，移动互联网刚刚起步，那个时候听到最多的是APP，"植物大战僵尸"、"愤怒的小鸟"，我想，我的有生之年一定不能错过这样的发展机遇，我选择离开熟悉的媒体。

2012年初，我确定选择经营演出和体育赛事票务，作为创业的方向，5月"西十区"网站上线，8月起正式运营。西十区成为一个聚焦"现场文化娱乐"的专业化票务交易平台，同时也是国内第一个打通在线营销与票房的一站式票务枢纽。在西十区不光可以买票，还可以卖票；别处没有的票，西十区有，别处有的票，西十区便宜。

经历

我的创业

　　创业者要有恒定的追求，更要做到务实、灵活，才能真正改变自己。否定自己不是从价值观上去否定自己，而是面对新的挑战，好汉不提当年勇。创业的经历真像一幕一幕电影印在脑海里。起初，我们几位合伙人都亲力亲为，冲在一线扫街、发传单，甚至与黄牛打交道。在夏日的骄阳下，我们一群小伙伴在上海赛车场做推广活动，现场人气火爆，收工时才发现大部分人的脖子都被晒爆皮了。深更半夜，我们的技术人员还在加班，困了就拿出公司准备的床垫，倒头就睡，醒了接着写代码。大家经常是早上5点半下班，然后休息两个小时，就又开始工作。我们5个正式技术员工，加3个实习生，用4个半月就开发完成了一个有买有卖的电商平台网站。

　　通过深入了解市场，我发现诚信是中国票务市场最大的问题。我们的平台首先需要解决诚信问题，因此，我们确立了卖家的诚信制度，在交易过程中需缴纳或冻结一定程度的保证金，买家确认后付款或观演后再结算的制度。我们实现了制度创新、流程创新，平台运营三年多没有出现过一张假票，实践证明非常有效。

　　由于票务市场有别于其他市场，具有稀缺性、唯一性、时效性，在二级市场多渠道销售，会出现信息不对称，西十区平台打通了各个渠道，并用制度遏制了这个问题。目前统计的违约率仅千分之二，并实行卖家赔付，这在国内市场是唯一的。

我的创业 | 团队

　　我们将企业架构设计为前台、中台、后台三大部分，前台主要是直接面对用户的运营部门，包括招商、运营、市场、客服；中台主要是对业务进行支撑的部分，包括：产品、技术；后台是整个公司的支撑部门，包括：人事、行政、财务等。我们有完善的激励、奖励、晋升制度，每个员工都有机会获得公司发给的期权，已有十多位员工获得期权；我们还设立了各个部门的奖励项目，从月度、季度、半年度和年度，不只是奖金，还给予精神荣誉，以及晋升和期权方面的连带奖励。

　　电影《叶问3》给我留下了深刻的印象，叶问作为一代大师，对待邪恶势力毫不宽容，但对待身边的人都是平和关爱。"在乎我们身边的每一个人"这话很触动我，不要总想着做拯救人类的事，要从身边做起。

我的创业 | 感悟

　　我们的目标是将西十区做成中国最大的票务交易所，成为国内最大最方便最快捷最安全的二级票务市场平台，在现场文化领域建立良好的生态，让老百姓更方便更有保障地走入文化现场。

　　创业对于我而言，首先就是否定自己。我总结了三句话：第一句就是：You should be nothing（你什么都不是）。创业就要把人生归零，把以前的成功经验和脑子里固化的东西放下。第二句话是：You should be none（你谁都不是）。不论你过去事业多么辉煌，职位多么高高在上，过去的一切都让它过去，一切从新开始。第三句话是：You should be someone（你必须成为某一个人）。作为创业者，必须带领团队攻克一个个难关；必须有预见性，不能推卸责任。

李倢峰

广告+互联网，打开新"视界"

选广告这一行，对李倢峰而言，既是梦想又如同宿命。

在华东师范大学广告系读书时，电视剧《广告人》里的主人公，开着豪车满世界跑的画面，让当时还是学生的李倢峰神往不已，他幻想着毕业后，自己的工作也能如此高大上。

凭借大学时勤工俭学的微博积蓄和一辆小电动车，李倢峰一毕业就创立了自己的广告公司——典世科技。梦想很丰满，现实很骨感。如今人们用"广告狗"来形容这群神奇的物种，忙碌奔波，日夜颠倒的生活与理想中的画面相去甚远。李倢峰觉得，既然上了创业这条船，便没有退路，进一步有进一步的欢喜。

十年创业风雨兼程，凭借十分的设计实力，十足的项目经验，十全的业务理念；一路上整合在左，沿革在右，集新兴数字科技与视觉创意行销于一身，李倢峰带领下的典世科技成为了优秀的视觉服务提供商。

梦创上海

契机

　　大学毕业后，我创立了自己的广告公司，从事品牌策划和活动的企划。经过十年的不断拼搏，公司在市场占有了一席之地。

　　近年来，随着互联网经济的崛起，机遇和挑战一同降临。2008年开始，公司组建了活动团队，做了很多大型的PR活动，特别是向明中学110周年的校庆，可以说是一炮打响。随着时代和科技的发展，公司的视频制作、活动制作、传统品牌都接入了互联网元素，还做了很多O2O的尝试，帮助客户开发APP产品，公司有专门的互联网团队，专门服务微信客户。2010年至今，公司开发的许多产品获得了国家创新认证。

　　我认为，未来互联网是翅膀，硬件不是太大的问题，技术方案也有，缺少的是好的创意，优质内容结合新兴科技，才带给客户带来好的体验。公司制作的一部微电影，获得了中国首届传统文化微电影金奖。活动方面也有了拓展，互联网＋活动的有机结合，让活动形式更丰富。最近，公司的一款名叫多多纳的教育线上互联网产品即将面世。

　　不久前，我们举办的一场快闪活动受到市场好评。快闪现场结合了互联网的推广和营销方式，视频点击率已超7千万。互联网的力量真的很强大，有正能量、有创意和内容的视频，一定能获得网友的关注。

我的创业 | 经历

大学毕业后，我怀抱理想，开始创业。初期非常艰难，没有资金、没有客户、没有资源，拿着大学时卖馄饨卖光碟的一点积蓄，我在印刷厂的一间阁楼里办公，有时工作忙起来，晚上不能回家，我和同事就睡在地板上。

我一直都记得第一单业务。那时公司刚开不久，有朋友问我能不能做一本珠宝的册子，300页，开价8000元。因为大公司报价太高，这个看似不赚钱的机会落在我手上。这本《翠钻珠宝标样本》的制作过程中，我一个人承包了拍照、修片、排版等几乎所有的工作。客户在美国，一个电话打来，即使是凌晨，我也马上起床做修改。最终这个性价比颇高的样本得到客户高度的赞誉，我们初尝了创业甘甜的果实。

一年后，公司在业界渐渐树立了较好的口碑，业务像滚雪球一样越做越大，逐步积累了稳定的客户。我们从事的是传统行业，辛苦自在不言之中，行业从业者很多，竞争其实非常激烈，要想在竞争中胜出、分一杯羹，必须把品质和内容做好，执着于专业度，赢得客户。

我的创业 | 团队

创业初期，生存是唯一衡量的标准，团队意识还比较薄弱。随着发展壮大，业务稳定上升，如何让企业在变幻莫测的市场中走得更好更远？创新团队的培养显得尤为重要。

我认为一家优秀的企业，必须要制定好自己的愿景、使命和价值观，这能够让我们充满前进的动力，明确努力拼搏的目标。另外，要不断创造机会让团队多学习和接触各类新事物，只有卓越的核心团队，才能为企业保驾护航。

我的创业 | 感悟

未来五到十年里，儿童剧和音乐剧应该会很受欢迎。由于公司擅长制作创意内容，我们计划将剧目结合 AR 等模式，让观众和演员在虚拟现实中进行互动。随着互联网科技的发展，需要更多创意性内容的支撑，这给我们这样以内容为王的供应商提供了机遇。

我认为，不管从事什么行业，都需要对它专注、热爱、充满激情。兴趣是最好的老师，爱自己的事业，相信我们都会成为每一个领域的引领者！

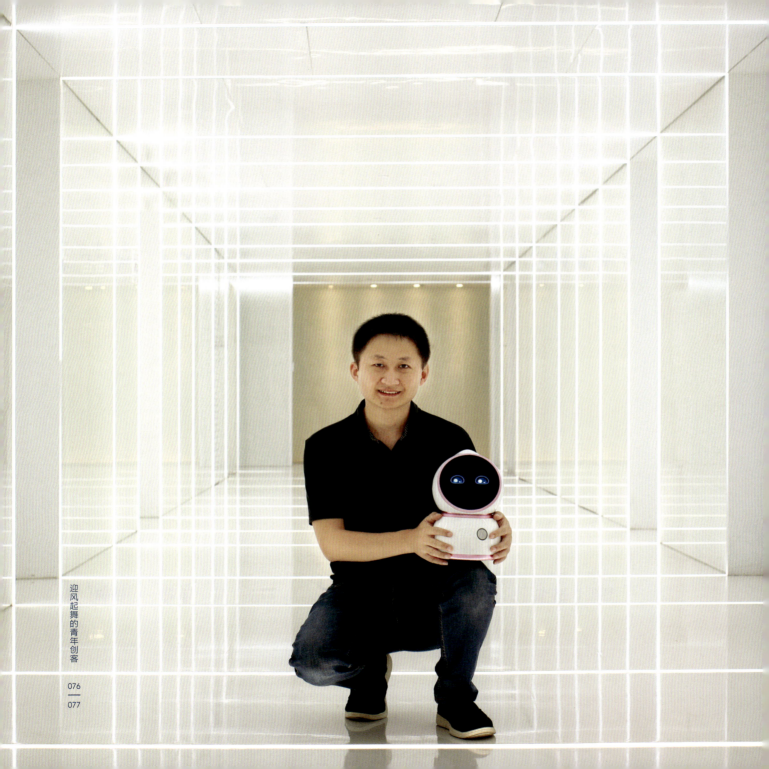

吴义坚

用"拟脑技术",为儿童服务

———————

吴义坚正与拟脑机器人"小白"交流互动,他问:小白,野火烧不尽,春风吹又生。后面是什么?"小白"眨巴着它的大眼睛,用稚嫩的声音回答:远芳侵古道,晴翠接荒城。又送王孙去,萋萋满别情。那个情节好有画面感,在场的人不禁被眼前深情的"小白"打动了。

"小白"之父乃是腼腆的吴义坚博士,他是 15 岁就进入中科大少年班的天才男神,从想到研发一款智能机器人陪伴女儿的成长,他义无反顾的走上了创新创业之路。

作为业内顶尖研发团队的舵手,吴义坚自信地说:"在为家庭服务的人工智能机器人领域,我们一直被模仿,却从未被超越"。

契机

我的博士专业是人工智能，曾经就职于科大讯飞、微软亚洲研究院、盛大创新院。

我在女儿身上看到了这一代小朋友的需求和问题。很多小孩子在玩手机和平板电脑，这些东西本身不适合幼童玩。于是，我想为女儿研发一款专业针对儿童的智能机器人。

2015年6月，测试机器人诞生，5岁的女儿自然是第一个内测对象，可是机器人对于儿童的声音识别有难度，在交互体验过程中并不那么流畅。女儿的体验结果是："爸爸，你这个机器人太笨了！"这让充满自信的我甚为失落。

语音识别是人机交互的核心因素，而目前阶段，全行业都在面临着在儿童的语音识别性能及对话亲切性方面的挑战。经过了半年的迭代更新，新诞生的产品支持声源定位，人在不同方向对机器人说话，机器人可以寻声转头和人对话，而且显示屏会出现喜怒哀乐等丰富表情。

这次，女儿对我说："爸爸，小白越来越聪明了！"女儿的满意就是对我最高的褒奖，我常常开玩笑，女儿是我们公司的"首席体验官"，实际上她确实最能如实反映问题，想要什么内容我们就加什么内容，想看什么动画片就加什么动画片。她代表一类群体，我至少要先满足这一类群体的大多需求。

我希望早教机器人"小白"，成为小朋友成长过程的小伙伴，就像哆啦A梦中的大雄和机器猫一样。孩子和机器人之间借助语音，像人与人一样交流，可以学习、获取各种知识，还可以娱乐。经过两年的研发，技术上不断突破，在幼儿语音交互领域，我们已经是全球第一。

2016和2017年将是儿童机器人的市场教育年，预计在2018年市场迎来爆发期。我们的智能机器人就是第一批走进家庭的家用消费类机器人。

我的创业 | 经历

创业看似一帆风顺，实则困难重重。我骨子里有"不到黄河不死心"的特性，既然选择创业，就一定要克服一切困难，推动企业不断前行。

我们的研发团队在全球范围都是领先水平，但同样会遇到创业的瓶颈。2015年春节，对我而言异常的寒冷，那时机器人还没有成品下线，资金已经捉襟见肘，账上的资金估计只够团队发一两个月工资。面对如此的困境，既要保证研发进度，还需引进新一轮融资，但资本市场很现实，不见兔子不撒鹰。几位创始人与核心骨干开会商量，决定停发所有管理人员的工资。2015年6月第一款测试机完成，同时，A轮融资注入。

本以为难关已过，不料同年7月的一个晚上，我接到电话，说公司的一家硬件供应商倒闭，我第二天大清早就奔赴深圳解决问题，幸好没有影响后续工作的进展。经过了半年的迭代更新，新诞生的产品支持声源定位，用户在不同方向对机器人说话时，机器人可以根据声音方向转头和人对话，而且显示屏根据对话内容出现喜怒哀乐等丰富表情。

根据后台数据显示，这款机器人的日活跃度能达到40%以上，周活跃度能达到70%多，换言之，小朋友每周都会用它来进行语音互动或者学习。欣慰的是用户体验度优于其他玩具，市场反馈非常好。

我的创业 | 团队

　　打造创业团队，尤其是核心团队，最重要的有两点：一是大家有共同的创业理念，我们核心团队基本上都是 80 后的爸爸妈妈，大家都希望为下一代做一个很好的产品。二是大家彼此比较熟悉默契，核心的团队基本上之前都有多年一起共事的经历，包括大学同学、师兄弟、前同事等等。

　　对于团队成员的激励，我们从两个方面推进：一是大家有着共同的创业和产品理念，做事都很有激情。二是创业初期所有的核心和骨干成员，都持有公司的股份和期权。大家都是公司的合伙人，做到共同创业，利益分享。

我的创业 | 感悟

　　创业仅两年多的元趣信息公司，已申请了数十项专利，小白机器人的问世，是中国乃至全世界在家庭服务机器人领域的一个里程碑式的产品。

　　我们计划在小白机器人的基础上研发新一代产品，将更智能更贴心，能感知更多信息，能识别不同的人，还能随人走动。此外，我们机器人产品会覆盖更大年龄段的小朋友，让更多用户能享受到我们家庭服务机器人所带来的价值。

吴滋峰

把蛋糕做得跟手游一样有趣

————————

"贝思客"蛋糕创始人吴滋峰，从一个"手游"达人变身成线上烘焙业大咖。做蛋糕也玩起"内测"，狂吸"铁粉"，就像手游一样有趣。

力争做烘焙行业颠覆者的吴滋峰说："希望做每个蛋糕时都像是给自己孩子吃的那样，力求完美，充满爱心"。两年的时间，"贝思客"蛋糕品牌在都市白领中掀起了一阵旋风。

2016 年 1 月，吴滋峰的线上蛋糕企业——手乐电商登陆新三板，成为国内线上烘焙第一股。

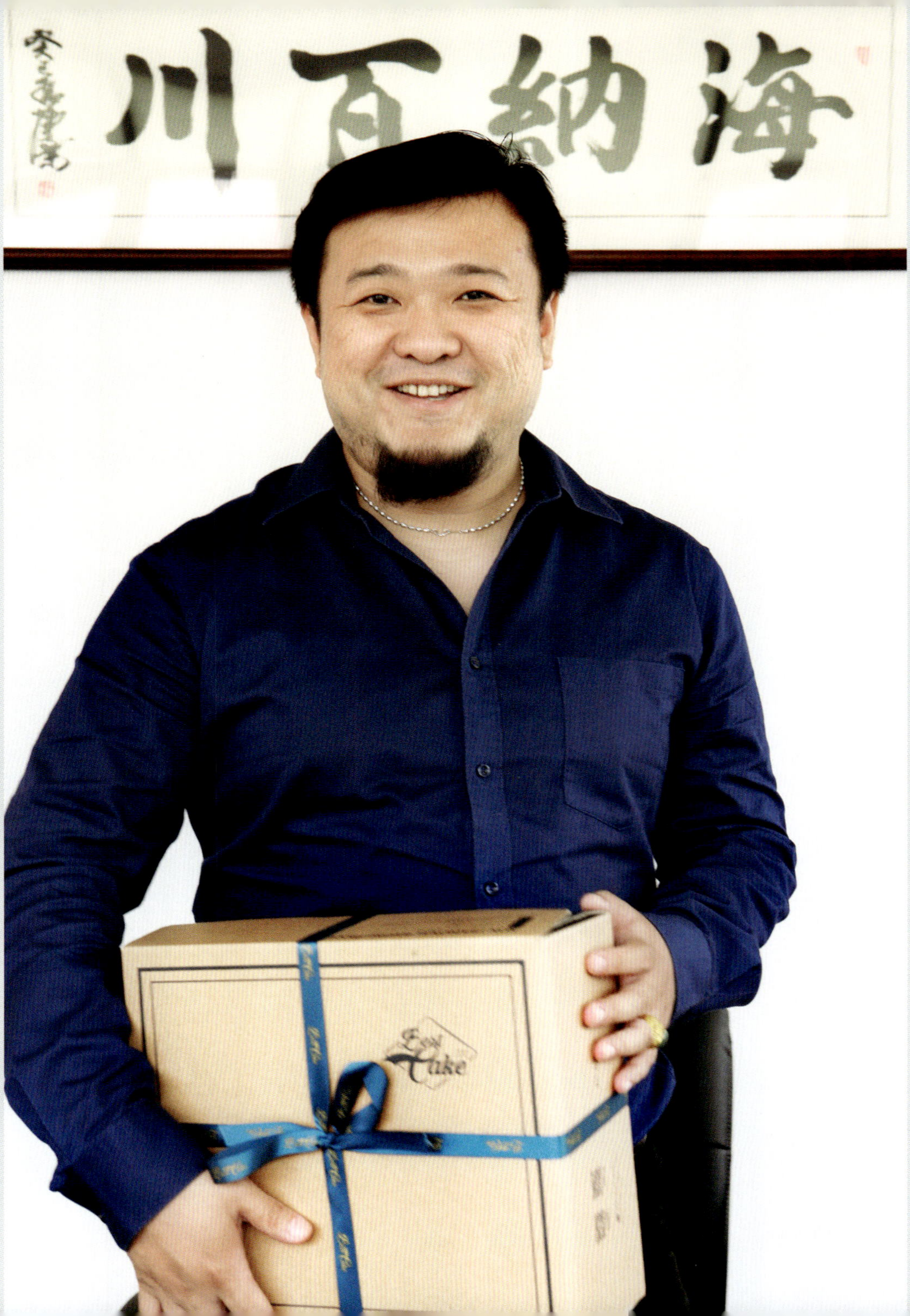
海納百川

我的创业 | 契机

　　我在进入烘焙领域之前，在互联网领域工作多年，做过"程序猿"，做过网站经理，曾经加盟《传奇3》运营团队，还创办了一家手游公司。当手游行业受到互联网巨头的"围剿"，变成了寡头的游戏，我便开始寻找互联网跟实体行业的结合点。当时我有个朋友在开蛋糕店，他告诉我，蛋糕的利润很高，而且受互联网的冲击很小。

　　经过一番市场调查，我发现，中国烘焙市场行业容量巨大。有统计数据显示，预计2019年行业收益将增长至370.13亿美元，年复合增率达10.1%。和手游等互联网行业不同，烘焙行业集中度低，"前店后厂"的模式遍地开花，真正的全国性龙头未显现。

　　在互联网蓬勃发展的今天，年轻顾客更加青睐网络及移动端的支付模式，但传统蛋糕店并未投入互联网的怀抱。面对一块大"蛋糕"，我决定要用互联网思维把它"吃下"。

　　2011年，手乐电商成立，经过两年试水，借鉴雷军打造小米手机的成功模式，我们以向消费者提供高性价比的特色产品与服务为准绳，创立了试图颠覆行业的"贝思客"(Bestcake)。

　　2014年9月1日，"贝思客游戏大厅"微信系列游戏上线。借鉴"手游"经验，贝思客"跨界"打造了极客社区，在社区里推行"极致币"。顾客可通过充值，或"贝思客"微信系列游戏通关获得"极致币"，也可通过购买蛋糕等方式获得。这些"极致币"可在购买贝思客蛋糕时抵扣现金。

　　和"手游"一样，"贝思客"有自己的会员系统，可对粉丝进行分级管理，高级用户:可以免费参加"蛋糕内测"。通过这种新鲜好玩的模式，贝思客吸纳了一批"铁粉"。

我的创业 经历

近年来，传统烘焙企业经营模式单一落后，产品单调，缺乏新意。城市 80、90 后的主流用户群体，选择去门店购买蛋糕及烘焙产品者越来越少。绿色、健康、送货上门，售后服务有保障，差异化的个性化消费，已经是未来烘焙行业消费升级的大趋势。

我认为，"贝思客"具有强大的核心竞争力：互联网基因，首创业界的云订单系统，采用"中央工厂＋网上订购＋冷链配送中心"的供应链条，充分保证产品质量。蛋糕配送必须自建物流。蛋糕易碎，需要特殊的物流体系保证蛋糕在运送过程中不

受损伤、不变质，保证顾客享用到新鲜蛋糕。蛋糕物流不一定求快，但必须准时。比如，有用户打算 7 点和朋友庆祝生日，那么物流必须在 6 点半准时送达，太早太晚都不行。在产品质量把控上，我们坚持食品安全为上，郑重承诺：对所售产品实行 72 小时无理由退款。

目前，"贝思客"的业务已由上海扩展到了北京、天津、杭州、南京、苏州、宁波、无锡等地，并进一步向重庆、广州、深圳、成都等城市延伸。据初步估算，近几年，公司收入将呈几何倍数增长。

我的创业 团队

公司目前已有近千名员工，我们采取传统与互联网相结合的模式，靠企业文化与愿景，吸收一些业内的优秀人才，相互磨合，为共同的目标奋进。团队成员年轻、有梦想，给他们充分的平台去证明自己，通过激励机制尽可能满足他们的需求，包括收入、认可度、愉悦感等。当然，对高管和重要岗位员工给予股权配置与分享，也是一种激励方式。高管团队会有一份奖金是直接发给父母的，增加员工与企业的粘性，让每个员工都觉得自己是在一家很牛的企业，干一份有发展前途的工作。

我的创业 感悟

公司刚刚登陆新三板，我希望企业能够脚踏实地地往前走。未来，我们要成为一家有影响力的企业；以烘焙产品为核心，具有客户"想吃什么都能马上吃到"的便利，把"贝思客"打造成一个有温度的品牌。

选择了创业这条路，就要义无反顾地走下去，不论承受多大压力与挫折，都会迎难而上，这种挑战正是创业的魅力。

张楠

专注环保的 "同化" 梦

————————

　　不施粉黛的张楠，透着低调温婉的学院气质，说话缓慢而清晰，比起传统印象中的企业家形象，她给人的感觉更像是一名做科研的理科生。只有在聊起对大自然和环保事业的热爱时，张楠才是充满感性的，甚至洋溢出小女孩般童真的欢喜之情。理性的科研精神和真挚的情怀在张楠身上起着奇妙的化学反应，催化出一场童话般的创业之旅。

　　2014 年福布斯中国 30 位 30 岁以下创业者榜单中，上海同化新材料科技有限公司创始人兼董事长张楠，是唯一一位专注实业的女性创业者。

　　楠木，树干通直，成长缓慢而木质坚硬。30 年前，母亲用这种树木的名称为女儿取名；如今，她凸显了母亲美好的隐喻。张楠如同一棵正直坚韧的楠树，扎根于环保事业，从大自然中汲取无限的智慧，为造福人类而求索。

我的创业 契机

大学时，我在同济大学环境学院念书，有一年寒假，我碰上家乡一家农产品生产企业因废弃物堆放问题，与当地居民产生纠纷。结合所学的知识并翻阅资料后，我发现这些原本污染环境的废弃物，完全有可能转变为高价值的高分子材料。寒假结束后，我带着一些废弃物样品回到了学校实验室，经过反复试验，成功地将这些有机废弃物降解为拥有商业价值的有机高分子纤维素材料——微晶纤维素。这是我人生中申请到的第一个专利。

"垃圾，是放错环境的资源"这句在书本里学到的话，果真被实践证明了，我觉得自己找对了方向，变废为宝并非只存在于想象，通过科研转化的新材料蕴含巨大的价值和商机。

大学毕业，我以有机材料纤维素项目成功申请到上海市大学生科技创业基金同济大学分基金。2009年，依靠做技术顾问赚取的第一桶金和创业基金的支持，50万元注册成立了自己的公司——同化新材料。

从小，我对大自然总是感到格外地亲近和喜爱。同化，与"童话"同音，源于我心中的环保"童话"梦想。

纤维素材料是全球公认的最环保、资源最丰富、功能最具想象力的新材料。我认为，真正的绿色理念应该是零排放零添加，用天然材料替代原来那些会产生污染的材料，从源头上解决问题。杜绝使用产生环境污染的材料，这样才能够切实解决环境问题，而且不给企业增加额外的负担。

去年，我们把目标瞄准了近年来日益"猖獗"的雾霾。PM2.5超标罪魁祸首之一就是建筑工地粉尘，我们研发出了"抑尘纤维"，纤维如同好多小的鸡毛掸子，把粉尘吸附在上面，不管怎么倾倒都能实现无尘。实验数据表明，"抑尘纤维"可以抑制95%到98%的粉尘。该产品若能被广泛地应用于建筑工地，可以有效地降低污染，城市环境必定会更加美好。

我的创业 | 经历

公司成立之初，我发现创业完全不如想象得那么轻松。首先需要把实验室的东西变成产品，作为起步，我便把目标锁定在了合成革上。为了推广产品，我们选择了国内合成革最大的生产地温州，作为首个产品的试验田。为了见客户，我特地买了新鞋子，结果直到鞋跟走断，都没有找到一个客户。

整整一年时间，我们公司分文未入。现实的残酷让我不得不重新整理公司的发展思路：改变之前从小企业着手的策略，转而以龙头企业的订单为"敲门砖"，以建立标杆客户的方式拓展市场。

我们跋涉 4000 公里，在新疆驻扎半年，搜集最好的原材料；跑遍机械厂，寻找成本低可改造的生产设备。通过产品和技术改进，同化新材料获得了来自 PU 龙头企业金额可观的首张订单，对我们而言，这是历史性的突破。由此开始，同化的品牌得到合成革领域大多数企业的认可。

我的创业 团队

在同化，技术是血脉，创新是生命。我们一直在探索打造创新团队的方法：首先，创建学习型团队，培养学习兴趣，重视培训。创新是一种能力，对新知识的渴望，以及不断获取新知识的能力是创新的基础。第二，实践才能出真知，留足试错成本。失败与创新相伴而生，鼓励创新，必须要接纳失败，这是创新型团队能够持续存在的保证。第三，鼓励创新的思路，奖励创新的行为。思路是源，执行是本，需要脚踏实地的执行力。通过各种层次的奖励和员工发展计划，切实鼓励创新，重奖创新落地的执行者。

我的创业 感悟

在未来，希望同化成为全球天然植物功能纤维领域的龙头企业，带动国内纤维素产业发展，通过环保材料的不断普及实现同化的环保理想。

对我而言，创业是实现环保理想最快捷的方式。做科研是一件慢活，我们不能着急，要用事实说话，用数据说话。创业就是不断发现问题、解决问题的过程。

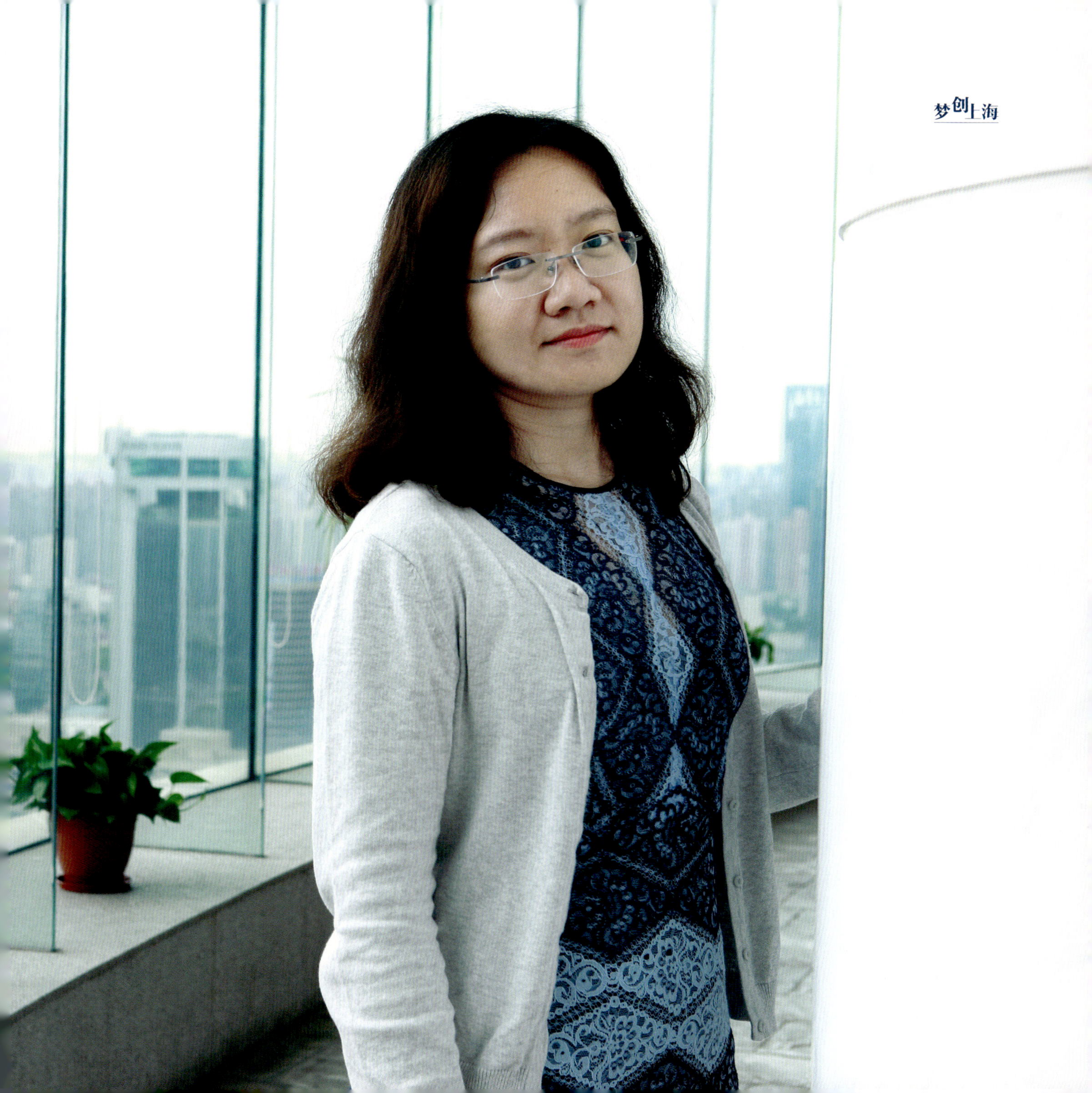

张文标

要做世界一流固液分离专家

———————

　　眼前谈吐自信的张文标有着超出年龄的沉稳和练达，让人难以料想的是，短短 8 年前，他不过是名初出茅庐的硕士毕业生。

　　张文标白手起家，创办了上海同臣环保股份有限公司，踉跄地踏入创业的浪潮，既当老板又当工人，从一线做起，支撑起整个公司。几番披荆斩棘后，凭借对于污泥处理的专利技术，公司在叠螺式污泥脱水机领域占据国内市场 40% 的份额。作为"同家军"一员的同臣，依托同济大学的支持，走出了一条产学研一体化的新路子。

契机

我的创业

2005 年，我考入同济大学环境学院攻读硕士，其间参与了国家"863"项目研发，申请了发明专利——一种用活性污泥生物除铬的方法，并参与了全国大学生"挑战杯"，荣获了同济大学大学生创业大赛二等奖、上海市张江高科杯大赛银奖以及中国创业计划大赛二等奖。

毕业时我拿到几家大公司的录取通知书，但我知道，自己从来就不是一个喜欢安稳的人，于是，我选择了创业。我迅速组建自己的创业团队，并成功地在上海市大学生基金同济分基金中申请到了 15 万元的创业基金，创办上海同臣环保股份有限公司。

伴随中国经济的快速发展，环境污染问题日益突出，我们选择进入与自己学习研究方向契合的污泥处理领域。同臣自主研发出的叠螺式污泥脱水机，凭借效率高、能耗低、噪音小的突出特点，真正实现了资源的循环利用，得到了专业客户的认可，并且广泛使用于市政污水处理工程以及石化、轻工、化纤、造纸、制药、皮革等工业行业。

致力于绿色环保的使命感，是我创业的精神驱动，而专注于污水污泥处理这个细分领域，一门深入，不断做大做强，加深产品产业化，获得占据着行业绝对优势和份额的龙头地位，是企业快速发展的保障。

我的创业 经历

开始创业后，一波一波的问题接连不断袭来，由于缺乏工作经验，很多问题只能靠自己摸索。宣传怎么搞、厂房怎么建、客户怎么访、合同怎么签、员工怎么招……这一切都需要我们亲力亲为，其中的酸甜苦辣不言而喻。

创业最艰难的时刻，由于资金困难，厂房只能选在郊区，工人也雇不起，只能自己动手。我白天穿上体面的西装拜访客户，晚上又灰头土脸地钻进厂房里装配产品，抽空还得去市场采购材料。自己一个人又当老板又当工人。公司厂房里所要使用到的材料，都是薄得如刀片一样的不锈钢片，一不小心就会划破手。没几天的功夫，手上就血迹斑斑了，但这丝毫没有影响我们的创业热情。

"爱折腾、胆量大、不满足"，是我对自己的评价。创业至今，始终保持一周7天工作制，每天工作超过12个小时，我从来不觉得辛苦，反而乐在其中。创业，成为我最享受的一种生活方式，这无疑是创业者最大的幸运。

凭借始终坚持在技术上不断突破，客户对我们产品的满意度逐步提高，订单随之而来，公司的销售额也越来越高。

如今，同臣环保的产品已应用于中国石化、中国石油、中海油、中核集团等世界500强企业。同时，亚洲最大的生活垃圾填埋场——上海老港垃圾填埋场，国家级重点生态建设示范区项目——崇明岛陈家镇污水处理厂，中国最大的啤酒企业——青岛啤酒等，背后都有同臣的智慧。

我的创业 团队

对此，我想有三点想法：第一，招聘至关重要，要招揽具有创新精神的人才。第二，要有鼓励创新的机制，让人才发挥最大化的作用。第三，企业要有创新的文化和氛围，拥有持续的创新动力。

对员工，除了物质上的满足，加大投入和回馈，还要营造尊重创新的氛围，认可和鼓励员工的付出，在精神层面上让员工有归属感和成就感。

不断提高创新能力，是同臣核心竞争力的重中之重，必须具备人才资源。同臣在同济大学创立了500万的基金，依托同济大学的科研资源，联合成立了上海市博士后创新实践基地，并启动同济大学人才培养与产学研合作基地。

我的创业 感悟

重视环保问题已被国家提升到空前的高度，同臣将借助资本市场的力量完成跨越，真正成为一家具有社会责任感的企业。同臣力争 2017 年达到 5 个亿的产值，力求实现市场销售和市场推广的可持续发展，把同臣打造成世界一流的固液分离专家。"

今年年初，我以 1000 多万元回购了 7 年前上海市大学生基金同济分基金扶持的 15 万元创业基金，创下 70 多倍的投资回报率，成为高校基金投资的经典案例。倍感自豪的是，"同家军"的创业成功率非常高，从 2006 年至今，上海市大学生基金同济分基金共资助了 115 个项目，其中 95 项注册了公司。作为天使投资，目前该基金已经从 65 个公司中退出，绝大多数创业企业都实现了良性发展和保值增值。

感恩母校对于创业学生的扶持，无论在社会效益与经济效益上，我们都实现了双赢。

张文溪

创业，一场美好的意外

————————

俊朗儒雅的张文溪，出身于艺术之家，从小的理想就是成为一名设计师。留英归国，他如愿成为一名空间设计师，身为讲求平衡的天秤座，能在工学与美学之间兼顾游走，这是他的天赋。

创业并非是张文溪主动给自己设计的人生场景，但他却懂得顺势而为。他的两次创业经历，虽看似偶然，却都与他的老本行——设计息息相关。误打误撞地闯入创业之门，背后却是顺理成章的因缘际会。

契机

我创业的起因比较偶然。我在英国留学期间，购买了一些有关英式翻糖蛋糕的书籍，我太太陈薇有一次无意间翻开，同样从事设计工作的她，很喜欢造型多变又极具艺术感的翻糖蛋糕。抱着有趣实验的初衷，她开始尝试制作，将做的蛋糕照片放在了微博上，一下子获得了爆发式的关注。她开始做翻糖蛋糕的独家定制，很快，引来知名的时尚杂志争相报道……

我白天上班，利用周末和空余时间帮着太太送货，布置会场，可是一边工作一边帮忙，两边都不讨好。爱人的一句话点醒了当时难以抉择的我："如果你继续保持这样的状态，不止对公司不负责，对自己的家庭也是不负责的。"于是，我下海和爱人一起创业。

2012 年开始，我们公司主打两个方面的产品，一个是婚礼上的甜品桌，一个是为品牌做服务。通过我们的产品，给客户带来意想不到的收获——满足一切对食物的想象。如今，沪上众多奢侈品的品牌活动，都会交给我们公司来策划运作。我们用在 B 端客户赚的钱，来拓展 C 端市场，比如我们打造了宝宝百日礼盒、24 节气新品等。

第一次创业是设计与美食的混搭，而第二次创业的缘分也跟设计有关。在新华街道牵头的活动上，我结识了现在的合伙人。从事孵化器工作多年的他，看到国家鼓励"万众创业"的市场机遇，结合我的设计专长和创业经验，两人一拍即合，决定做创客空间和孵化平台"鼎创汇"。

我们其中一家创客空间位于上海宋园路，设计风格主打汽车主题。作为总设计师，我在建筑材料上尽量选择环保材料，比如公共区域的台阶和沙发靠背就是麦秸秆压制而成的，我们还留出了大面积的公共、休闲区域。运用移动墙面的设计，使得大型培训场地以及中小型的会议空间可以灵活切换，随意组合。

从创业者切实的需求出发，不仅为他们打造理想的工作场所，同时也为他们提供舒适的生活空间。

IF GEEK SPACE

首次创业，离开自己的老本行，去到一个不擅长的领域，对于我和太太而言，这个转型的阵痛可不小。怎么注册公司，就让我头疼了很久，我们对可以享受哪些创业的优惠政策也一无所知。接下去是找场地，很多场地不能加工食品，有些场地可以加工食品但是成本又过高。之后在新华街道的帮助下，2011 年底，甜品品牌"薇甜"终于顺利注册完成，场地也租赁成功。

第二次创业，我们没有融资，全靠我与合伙人自己投钱。在设计建设"鼎创汇"创客空间时，我身兼总设计师和项目经理的双重职责，为了降低成本很多东西都只能亲力亲为。由于自己本身是创业者，所以能比较深刻地体会创业的人想要什么，需要什么，希望能在各方面真正帮助到创业者。

我们将创客空间的租金压低，在注册公司、人才招募、政府扶持方面给到企业全方位完善的服务。不再做传统意义上的物理空间孵化，而是以互联网的思维来经营空间。目前，"鼎创汇"帮助孵化的创业团队，有疯咖、米饭音乐、蚂蚁天使、冰狐网络等都取得了飞速发展。

我的创业 团队

　　创新型的人才对于任何企业而言都是不可或缺的。我认为，培养人才是一个细水长流的过程，比起去市场上挖掘一些空降兵，我更倾向于自己手把手培养人才，我们和上海几所著名高校建立了长期合作关系，以校企联合的方式，来吸纳优秀的、有潜力的人才加入企业。同时，我会亲力亲为地对新员工做系统性的培训，教导他们如何把理论知识付诸于实践，激励年轻员工成长。

我的创业 感悟

　　我做孵化器的初衷，其实源于自己在创业过程中曾经遇到过的困难和瓶颈。我觉得，为社会做最有价值的事情，就是帮助更多拥有创业梦想的人去接近他们的梦想，不要走我之前走过的弯路，能够专注于自身的产品和商业模式，这样可以为创业者节省很多成本。

　　在我看来，公益和商业密不可分，在赚到钱的同时，希望能够尽可能多地回馈社会，这也是我们企业使命和社会价值的体现。

张灶峰

大客流安全的"守护神"

———————

一年英特尔产品工程师，六年 IBM 职业经理人、三年民企高管，张灶峰的职业生涯，可谓十年磨一剑，每一步都走得扎实。

　　眼前的张灶峰谈吐稳健，条理清晰，或许是双子座的个性使然，一贯理性冷静、思维周密的张灶峰，身上流淌着感性的热血。两年半之前，他出人意料地辞职裸创，创立了上海宏理信息科技有限公司。

　　他以独特的眼光，聚焦地铁及主题乐园因大客流聚集而带来的安全问题，通过研发一系列与城市交通旅游出行安全密切相关的技术软件，致力于成为智慧交通旅游行业信息化大数据应用的领跑者，成为国内交通和旅游领域的安全守护神。

契机

2006 年，还在交通大学念书时，我获得了第五届"挑战杯"中国大学生创业计划竞赛银奖，当时，创业的种子已在心中埋下了。我并没有一毕业就创业，而是选择了在 Intel、IBM 这些全球顶尖的 IT 企业来历练自己，"师夷长技以制夷"。2011 年离开了 IBM，加入民营创业公司，担任首席运营官 COO，主导完成企业的 A 轮、B 轮融资和企业并购，这一做又是 3 年。

接下来，我开始自创公司。我们调研发现，在中国城镇化发展的驱动下，有 80 多个城市获批修建地铁或有轨电车，交通行业是国内一个快速发展的朝阳行业，其规模远超世界上任何一个发达国家。其次，在中国大消费的刺激下，大型主题乐园的建设如火如荼。在其快速发展的过程中，我们发觉了管理中存在的很多隐患，比如大客流聚集、设备管理不善带来的安全问题，以及出行和游乐的体验不佳等问题。

自利则生，利他则久。"利他"即是利于大众，在我心里一直存有这样一份使命感。当我乘坐地铁时，会考虑如何保障市民的安全出行；当我和家人逛主题乐园时，会思索如何检测园内游客的客流密度并如何有效组织。有所思便有所行，基于客流大数据和设备大数据分析，我们自主研发出大客流监测和预警联动管理软件等一系列与出行密切相关的软件。

创新是我们企业的基石和基因。由于研发周期长、投入大，且流程繁复，大公司往往都倾向于卖成熟的解决方案，面对客户日趋多样的诉求，难以给到个性化的方案服务。另外，在一些新型的市场细分领域，大公司决策时间长，创新成本很高。这都给像我们这样善于创新的"小而美"的企业提供了机遇，我们逐渐在实践中找到了自身优势，为客户的个性化需求量身定制解决方案。

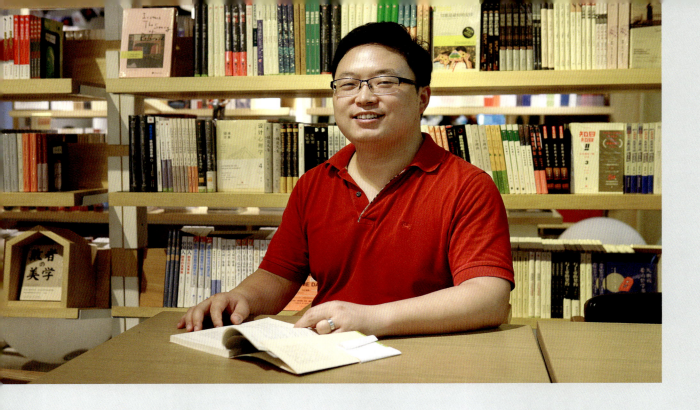

我的创业 | 经历

初创 3 个月内，公司没有接到任何项目。当时，我们属于"四无公司"：无人、无钱、无资质、无案例。我和合伙人有 10 个月没有给自己发工资。

转机出现在上海地铁公司的一个数十万元的项目上。在竞标过程中，客户有很多个性化的诉求，大公司成熟的解决方案无法满足，而我们为其定制的创新性方案和新技术，让对方眼前一亮，最终凭借专业精神打动了客户，拿下了项目。

我鼓励团队尽可能使用最创新的技术，虽然对公司而言也许面临一定的风险，但对团队的成就感和能力提升非常重要。

短短的两年时间，我们发展成为有优秀人才、有知名投资、有双软企业等资质、有顶级行业案例的"四有公司"，第一年业绩近 600 万，第二年业绩达 2000 万以上。

我的创业 团队

　　我们搭建了员工持股平台，目标是在团队中有三分之一的人是持股员工，公司拿出近 20% 的员工期权池来激励团队。

　　公司信任团队，充分授权，共享资源，为员工的第一次错误买单，希望员工从中能吸取教训，得到提升。公司不考核 KPI（关键业绩指标），而是让团队自己拟定目标，看重的正是每个人的能力成长。

　　创业至今，团队没有一位员工流失。我认为，员工的价值观认同是第一位的，要找到志同道合、具有创新基因和务实有责任心的专业人才。我们希望打造一支兵精将强的团队，团队人均产值高，从而团队分享的利益也更多。让身边创造价值的人，过上他们应得的体面的生活。

我的创业 感悟

　　创业一定要有理想，这是一场长期战斗的马拉松，需要找到志同道合的人。我们要求建设诚信的团队，对客户恪守承诺，内部团结一致，讲求效率。

　　我们将"掌控未来，让出行游乐更安全更美好——Master The Future"作为公司的使命。希望未来 1 年内，挑选好的客户，做 10 家样板工程。5 年内成为国内交通旅游行业大数据应用领域的领跑者，帮助客户解决管理问题，为社会民众的安全出行贡献自己的一份力量。

张相廷

蚂蚁百万也雄兵

———————

蚂蚁计划发起人、蚂蚁雄兵基金创始合伙人张相廷坚信：真正改变教育的是，千千万万只有教育理想的"蚂蚁"。

张相廷长得帅气硬朗，一脸自信。他有着成功的创业经历，曾成功打造中国顶尖的错峰停车 APP "乐停车"等多个创业项目，可他却比喻自己就是一只创业的小蚂蚁。这一次，IT 精英张相廷携手金融界的"天使"、教育界的变革者成就了蚂蚁雄兵天使基金，一起点燃大众的创业激情。

一只蚂蚁固然微弱，但成千上万只蚂蚁聚集起来，就会拥有超乎想象的力量。

我一直专注于 IT、互联网行业的创业与投资，先后创办了上海诺维达、米由米、博视投资、乐停车等公司。我洞悉互联网带来的机遇，也深深体会了创业过程中的痛苦和艰辛。成功闯关后，我一直希望能够通过某种方式去帮助更多的创业者。

2015 年 1 月，我与沪江网联合创始人于杰、上超资产董事长李梅共同成立了"蚂蚁雄兵天使基金"，并联手推出了"蚂蚁计划"。该计划致力于全方位支持和服务创业者，协助互联网教育创业团队顺利启动和快速成长。我们三个合伙人分别在教育界、互联网圈、金融界深耕多年，想要携手创造一个互联网界最懂教育、教育界最懂投资的互联网教育创业生态系统，通过"互联网+"帮助教育产业进行转型。

如今，"蚂蚁计划"的版图已初步成型："蚂蚁筑巢"已成了集聚创业者的创客空间，目前在上海拥有九个创业孵化器以及一个蚂蚁创客小镇，依托所在区域的特色，进行精细的功能部署；"蚂蚁基金"提供从种子轮、天使轮到 A 轮的投融资服务；"蚂蚁云校"与各大传统学校的教育资源形成网络对接；"蚂蚁活动"致力于开展论坛、路演、沙龙等活动；"蚂蚁服务"是提供财务、工商注册、人才猎头等服务。五大板块围绕互联网教育形成了完整的创业生态圈。

我看到：一方面实体经济面临转型升级，必然

淘汰大批传统教育体系"培养出来"的工作者；另一方面，这也是最好的年代，新经济崛起，为各类人才创业就业提供了充分空间。"蚂蚁"托管了十万名二三线城市青年的职业教育，给他们提供了未来更好的实习、就业以及升大学的机会。中国有太多二三线城市的孩子，无法和一线城市的孩子一样享受到优质的教育资源。现在通过互联网，可以将优质的教育资源输送到二三线城市。我们希望尽量给职业学校的学生们提供工作保障，学生们可以进入蚂蚁托管的大专或合作的国外大学去学习，获得更好的未来。

目前已有 100 多名学员在蚂蚁生态圈中成长起来，其中拿到了千万美元级别融资的项目不在少数。加入蚂蚁家族的条件只有两个：一，获得蚂蚁生态链的帮助可以加速他们的成长；二，未来发展壮大后也愿意去帮助别人。

我的创业 | **经历**

我 12 年前创立的一家传统企业"诺维达"，直到三年前我们才真正开始迭代，前面那些年的创业过程我觉得都是失败的。

刚开始，我们有了技术上的领先，引入了一些国外的系统，把它本地化，赚到了第一桶金，但是在这个过程里面我们失去了创新的动力，之后又沉迷于做生意。八九年的时间，仅仅是在做生意，而不是在创业。在这个状态里，整个团队失去了创新的动能，我把它定义为一个"海绵企业"，或者说是不死不活的状态，存在的意义就没有那么大。

我的创业 | 团队

　　我们企业采用的是合伙人制度，激励团队为自己而奋斗，为自己而打工。在小团队里，利益机制最大化，员工享有最多的自主权，这样就发挥了小团队大平台这种架构的优势，这也是适应未来互联网＋形势下最优化的企业架构。

　　我们深切体会到，越年轻的人，创新和突破常规的意识也越强。我们企业的分工较为鲜明：90后负责创新；80后负责落地实施和管理；80前负责运营和企业文化制定等。

我的创业 | 感悟

　　我们希望为中国教育的长远发展贡献一份力量，提出"以创业者为本"的目标。我的终极梦想就是改变十万个孩子的命运；从商业角度来说，希望蚂蚁家族中能涌现三到五家上市公司。

　　创业中我最大的感悟是：利他就是最大的利己，利己是最小的利己。另外，一个创业企业需要足够的聚焦。在创业过程中，不管每天处在什么状态，创业者一定要明晰企业的战略，因为战略会把创业者拉回到相对正确的轨道上来。

张浩瀚

谱写商业地产新篇章

———————

身着破洞牛仔裤和铆钉鞋，头戴一顶酷酷的棒球帽，眼前这位看上去时尚不羁的年轻人是城市地标"近铁中心"的"掌门人"——张浩瀚，这是他留学归国接管家族企业后做的第一个项目。他打破传统，凭借年轻人独特的视角与智慧运营管理着几个规模庞大的商业地产项目。

2014 年底，位于普陀区占地 18 万方的近铁城市广场开张。当天上午，附近的咖啡厅里，张浩瀚忐忑地抿了一口咖啡。此时本应出现开业剪彩仪式上的他，却避开众人，选择一个人待着，他说："这是因为心里没底，担心没有一个人走进商场。"行业里有句俗语：商场未来人气的盛衰，在开业当天就能见分晓。直到同事致电汇报"顾客盈门，热闹非凡"，张浩瀚才松了口气。

契机

近铁城市广场地处上海内环线和中环线之间的长风生态商务园区，环顾四周，百联中环、巴黎春天、月星环球港等大项目，已运营多年。近铁城市广场作为第四家商业综合体，在发展空间被急剧压缩之下，如何抢占市场份额？

考虑到近铁城市广场周围商场成熟的业态布局，我们确立以"轻购物"为主的发展目标。作为游戏发烧友，我看到了国内游戏竞技比赛场馆的商业机会，我们将"暴雪电竞馆"引进近铁，这是中国第一家开设在购物中心的电子竞技馆。"暴雪电竞馆"几乎周周有比赛，线上线下同时直播，场场爆满，这给商场带来了大量的人流。

2015 年 12 月，"海绵宝宝嘉年华"空降近铁城市广场，为商场增加了不少人气。动漫展还带动餐饮和儿童用品的业绩，展览期间销售额直接提升了 30%。做强做大影院、娱乐、电竞等 90 后、甚至 00 后年轻人喜欢的业态，目前商场内品牌入驻率已经超过 90%。

我们邀约到中国最大 O2O 网上订餐平台——"饿了么"入驻近铁城市广场写字楼，成为其今后十年发展的平台。与"饿了么"之间资源互补的合作，对于近铁的品牌效应、人气增长都有长期的益处。我建议近铁的所有餐饮商铺加入"饿了么"等线上外卖平台，果然业务量普遍提升两成。

如今，我们还在位于曹杨路的近铁云中心，创立了首个"近铁 CLOUD"创客空间，融苗圃和孵化器于一体，对初创者实行免租金、低租金的政策，逾 50 家企业及项目入孵，拿到 A 轮融资的有 8 家。2014 年，"近铁 CLOUD"创客空间荣获普陀区创业孵化基地称号，2015 年成为新华都商学院创业MBA 指定合作伙伴。目前，近铁 CLOUD 已成功运营多个产业基地和孵化园区，管理着 35 万平方米的商业物业。

我的创业｜# 经历

在近铁城市广场招商的过程中，我们并没有外包聘请专业的招商公司，而是带领毫无招商经验的团队从零起步，一家家邀约，一步步突围。在商场落户的上百家商户中，90%我本人都参与了洽谈。为了请到成龙影院落户近铁广场，我们"死磕"了两年。

两年内，我们不间断地努力邀约，有些邀约一开始看上去似乎没有任何希望，但我们的执着和坚持让很多"不可能"成为现实。我认为，现在的拒绝不代表将来的拒绝；这个项目不合作，不代表另一个项目不合作。最近，之前一直表示拒绝的优衣库，决定迁入近铁，正是因为我们从未放弃过努力。

近年来，受到互联网电子商务的冲击，传统百货商场面临严峻的生存危机。在这样严酷的市场环境中，近铁面临的挑战和困难不言而喻，做年轻人喜欢的业态，成就我们逆势而上。一方面，我们结合周边目标客群，不断调整零售品牌，以期更符合他们的需求。另一方面，继续做好整个购物中心的运营招商，修好内功。

我的创业 | 团队

创新性和执行力是我们团队最核心的能力。我喜欢带着大家一起冲，这个过程本身很享受。走出传统地产业的框架，近铁将持续融合创新，打造商业地产新天地。

我的创业 | 感悟

未来，在房地产开发、资产管理、大型业态的组合创新，以及地产相关产业的衍生方面，我们有着更远大的目标。

创业过程中，除了商业上的传承，父辈为人处世的原则深深影响着我。父亲曾教导我："做生意就是做人！对于没落的朋友，要像以前一样对待，甚至要对待他们更好。"这番话我始终铭记于心。

以做朋友的心态与客户相处，对员工真诚交往，助人为乐，尽心尽力，才能为企业赢得良好的口碑和商业机会。

陈秀星

"星球胶囊"革新茶饮方式

———————

拿起一枚鸽子蛋大小的"星球"胶囊比划着，陈秀星自豪地介绍起他的"宝贝"，这颗小小的胶囊竟要承受比高压锅大10倍的压力，几十秒钟的萃取，不输炖煮几个小时的口感和营养价值。

"父亲的公司是一家赚钱的企业，但我的理想是做一家伟大的企业。"说这话时，陈秀星的语气坚定，眼中有光。作为一名"创二代"，他跟父亲一样，创业的激情澎湃在他的血液里。

2011年，一个偶然的机会，我在国外的五星级酒店看到了绿山胶囊咖啡机。不用研磨、无需冲泡，想喝的时候，将咖啡胶囊放入机器中，一分钟后，一杯咖啡就飘香了，价格却是咖啡店里的十分之一。绿山咖啡最为关键的不是卖咖啡机，可持续性消费的胶囊才是盈利法宝。我"嗅"到了其中的商机。虽说大多数中国人没有喝咖啡的习惯，可是，茶作为中国人最传统的消费饮品，拥有庞大的消费群体。我设想，能否将东方茶饮成功嫁接到咖啡机上，在中国掀起一场茶饮革命！

历经艰苦的研发，我们具有专利技术的"星球"胶囊和 Dr. Drinks 茶饮机终于面世了。在小如鸽蛋的"星球"胶囊里，不同原料经过机器里高达190万帕斯卡的压力萃取，可以产生出各种口味和各种搭配组合的饮品——意式咖啡、蔷薇草莓、红糖姜茶、菊花普洱等。之前难以冲泡的姜茶、薏米、桂圆、红枣、中药饮片等养生饮品，都可以通过高压萃取的方式方便饮用，而且经普尼(PONY)专业测试证实，通过茶饮机60秒萃取的营养是传统炖煮的3-4倍。

2014年，获得真格基金第一笔1000万天使投资之后，我们决定借鉴小米的模式，以成本价格销售机器，希望以低价方式积累用户。然而好景不长，

销售上的瓶颈让我们意识到，最迫切需要解决的是对市场的培育。于是我们迅速调整战略，主打电视购物渠道，生动讲解并示范茶饮机的萃取方式与普通泡茶、炖煮的区别，向民众普及新品类。经过推广宣传，即使在调高产品单价后，市场购买率仍获得了迅速提升。

我的创业 | 经历

在确定创业方向后，我找到了创业合作伙伴，用五十万元的启动资金成立了爱味电子科技有限公司。当我拿着准备充分的商业计划书，试图在创业大赛上找融资时，投资导师当众泼冷水："我有一个朋友尝试做过，花了几百万元都没做成。"我至今记忆犹新，当时内心冰凉，简直没法下台。

缺乏资金，缺乏专业人才，国内这个品类无经验可借鉴，身边无数"你不会成功"的声音，让我面临人生中前所未有的压力。前期研发请不起工程师，我和创业伙伴买了二十多台胶囊咖啡机进行拆卸，自己画草图，从零开始研究。我们很早就意识到，要做到和其他产品有本质的区别，就必须有发明，有专利。单是解决"胶囊"的密封问题，就来来回回折腾了半年。一年后，我们自己设计研发，申请专利技术的"星球"胶囊诞生。

此后，在寻找生产胶囊机的供应商时，我们又经历了种种波折，经过与模具厂和设计师无数次沟通，自己动手一台台组装设备，一步步接近我们心中理想的产品。一年半以后，一台能完美承载"星球"的机器呈现眼前，这一刻，我不禁泪流满面。

当蔷薇草莓的原料供应商，试喝由我们的 Dr.drinks 一分钟萃取的饮品，惊讶地感叹道："一直都不知道，我的原材料可以那么好喝。"这句话极大鼓舞了团队，两年研发的漫长等待和打磨，终于可以拿到市场去验证。

我的创业 | 团队

我们公司有期权激励政策，公司拿出 15% 的股本作为期权池，发放给中高层的核心团队，合伙人级别享受公司赠送的股权，按照员工入职年限、岗位和贡献进行激励。目前，公司有百分之八九十的员工享受公司期权。

打造优秀的团队要从招聘开始，最重要的是，大家要有共同的理想和价值观，其次是个人能力。找到志同道合的伙伴，发挥各自的特长，让专业的人做专业的事情，人人都有工作的定位，使企业高效运转。

我的创业 | **感悟**

　　Dr.drinks 要将天然健康的茶饮带进千家万户，我们的品牌定位瞄准全球市场，目前已经出口到印度、瑞典等地，希望未来茶饮机能像微波炉一样走进普通人家。同时，期待茶饮机能带动中国的保健茶饮、中药饮片，作为东方养生文化输出到全世界。

　　创业不应追求短期利益的套现，要戒浮戒躁，力求打造伟大的产品、伟大的企业。创业路上当然会有很多的困难，但当你把困难逐步解决之后，你就离梦想越来越近了。

陈忠伟

"联姻" 国企，驶入智慧校园快车道

———————

做了 7 年普通的销售员，陈忠伟选择创业。如今，他是上海仪电鑫森科技发展有限公司总经理，专注于教育信息化管理。

沉稳务实的陈忠伟并不讳言，如果不是由于当年就职的企业倒闭，自己被推到人生的十字路口，创业并非会是自己的主动追求。出生于上海的陈忠伟，也曾一贯奉行稳健和低调，意外闯入这个"冒险家乐园"，他清楚地知道自身的优势和劣势。

创业路上困难重重，孤军奋战，未免势单力薄，而选择与强企"联姻"，顺势踏入快车道，正是陈忠伟创业成功的法宝。仪电鑫森从最初 13 名员工，成长为拥有上百名员工的大团队，年销售收入过 3 亿元。

我的创业 契机

2003 年起，我在一家教育信息化公司做产品销售，开始的几年里，公司的业绩一直不错。然而，天有不测风云，几年后，公司对外投资失利被迫转让，我突然被推到了人生的十字路——是找新"东家"，还是自己做"东家"？

我选择迎难而上，自己创业。2010 年，我成立了上海鑫森电子科技发展有限公司。公司仅成立三个月，一家创业板的民营上市公司便抛来了橄榄枝，欲高薪聘请我去做其教育分公司负责人，我婉拒了。可是这家公司十分看好我们，两个月后又提出并购。

再三衡量之下，我考虑到，依托上市公司在教育市场耕耘多年的资源和资金优势，将有助于把上海的教育产品推广到全国。于是，我同意了并购，几年的时间，我们以每年 50% 的增长业绩超额完成指标。

在这张成绩单背后，倾注了我们团队不断钻研市场痛点、寻求突破的长期努力和心血。通过前期大量的市场调研，我发现：一方面，由于利润低、服务要求高、个性化程度强等因素，鲜有专业的集成公司愿意为教育事业服务；另一方面，随着学校的各种信息化设备、软件越来越多，学校非常需要信息化管理公司。

通过四年实践和积累，公司掌握了大量应用数据，比如通过学校数字图书馆的建设，积累了学生借阅图书的相关数据；通过数字化校园的建设，积累了学生有关兴趣活动的数据等。我们将这些数据进行综合分析，建立大数据的信息平台，及时把数据推送给学校或家长，帮助他们对学生进行个性化的培养。

我的创业 | 经历

2014 年，一个更大的机遇降临——并入国企仪电电子。起初，有股东提出异议，最终我说服了大家，做出了决策，退出民营上市公司，进入国企的大家庭。

国企集团强大的后援支持，让我们受益匪浅，企业突破了之前的瓶颈，迎来了更广阔的发展前景。国有的平台，民营的机制，创业的激情得到了精彩诠释。

我们大胆地投入教育软件的研发，碰到技术上的难题，国企能调动各方资源，甚至建立院士专家工作站，聘请高校一批知名教授专家来担任顾问，帮助企业解决问题。加入国企后的第一年，公司的年营业额翻倍，做到了 1.8 亿元，利润也成倍增长。2015 年，公司营业额达到 2.5 亿元。

六年来，企业实现了高速发展，形成了校园硬件系统集成、软件开发和运维服务相结合的业务模式，业务涉及上海 13 个区，承担了众多学校的信息化系统建设，现已成为上海教育信息化的龙头企业。

我的创业 团队

我们为员工搭建创业成长的平台，充分释放企业的活力，推行人性化的激励机制。对中层以上干部，实行目标管理，通过合伙制和股权奖励来激励核心团队；对基层员工，实行过程管理，通过发放鑫森荣誉币，给予员工持续激励。

针对民营企业在管理上的薄弱环节，国企派来副总和财务总监，树立规矩意识，完善内控制度，建立党工团组织，将企业文化和凝聚力工程搞得有声有色，员工的流失率大大降低，归属感和成长动力大大增强。

我们逐渐感受到国企混合制管理的优势：除了合理的分红机制，子公司在履行承诺获取利润后，母公司会将超额部分的 45% 奖励经营团队——最大程度调动员工的积极性。

我的创业 感悟

智慧教育将是公司未来发展的方向。我们将先进的信息化技术和方法，结合中小学教育的特点和需求，创新地推出了上海高中名校慕课学习平台、智慧校园云平台、校园运维服务平台、心理辅导生态系统平台等产品和服务。加快智慧校园生态系统的建设，促进优质教育资源的辐射和共享，体现"以人为本，一切以学生的发展为本"的教育新理念。

创业路上，选择是最艰难的，而且比努力更重要。在人生的十字路口上，勇于做出艰难的选择是迈向成功的第一步。

郝峻晟

吹响云端的号角

———————

2004 年，郝峻晟代表中国参加第一届微软 Image cup 全球挑战赛，一举摘得桂冠。那时，他还是上海交通大学计算机专业的一名学生。在 IT 方面才华崭露头角的他，引来不少关注的目光。次年从交大毕业，他如大多数优秀学生一样，走进知名大公司，开始白领的职业之路。

这个年轻人加入了微软，供职于亚太研发集团，他曾为系统中心配置管理器开发软件， 为微软全球的支付平台做开发。在微软工作的五年时间里，郝峻晟积累了丰富的软件开发和项目领导经验。

鲲鹏展翅必要高飞，羽翼渐丰的郝峻晟已经不甘心在外企做一枚"螺丝钉"，他需要更大的空间让自己翱翔。慧眼识得"云服务"发展前景，他毅然辞职，创办自己的公司——上海云角信息有限公司。

2011 年我辞职，与好友合伙创立了上海普利生数码技术有限公司，自己负责软件开发。由于项目未通过相关部门审批，最后以失败告终，但给我带来的最大收获就是，从"失败"中敏锐地发现了云服务的便捷性和未来广阔的发展前景。在那次创业中，因为技术需要，选择使用了亚马逊的 AWS "云"，服务器的高可用性、持久性和数据安全性，令我震撼。云服务的优势如同生机勃勃的种子，深深植入大脑。

事实上，所有的创业企业都要使用计算和存储资源，从这个角度来说，云服务可以大大节省人力，并提高可靠性和安全性。当时国内几乎没有云服务，微软即将进军中国相关领域，而阿里云已经着手准备了。

选择以云服务作为创业方向之前，我也想过其他的发展方向，比如做基础设施、做 SAS 的服务、做在线的 ZIM 等。但是，或者因为资金、或者因为行业背景等劣势，最终都被自己否定了。 于是，在云的概念方兴未艾的 2012 年，我创立了云角信息技术有限公司。在微软多年的积淀加上对亚马逊

AWS 云系统的深入了解，这次创业，优势较为明显，底气十足。我从微软的内部生态系统做起 ，迅速帮助微软在中国推广相关技术，同时也为 AWS 和阿里云的服务推广打下了坚实的基础。

云计算当前已经处于增长的爆发阶段，根据专业机构预测，到 2020 年，整个云计算市场大约达到 620 亿美元规模，其中的增值服务我们认为大约占 20% 左右，所以我们现在处身的这个市场大约有 120 亿美元，云角作为中国最领先的云计算增值服务提供商，将不断在解决方案，服务和产品上发力，争取占领更多的市场。

我的创业 | 经历

创业者必定是艰辛的。再次创业之初，我和团队在推广云服务的过程中，接单寥寥。彼时，许多企业不理解"云"的概念，也谈不上租用，对云的安全性与公司的服务质量更心存疑虑。为了让企业能够实际感受云服务带来的诸多便利，几个联合创始人亲自深入企业，手把手地演示，告诉企业如何做云的迁移和开发。

功夫不负有心人，一来一去之间，云角团队的理念和技术能力得到了各大企业的认可，业务也迅速发展起来。短短的三年，我们公司云计算业务发展蒸蒸日上。目前，云角业务开始主攻公有云的迁移、部署、架构以及运维，为客户提供公有云相关的资讯服务和技术开发服务。公司开发的一款云管理平台"云舶"，得到了诸多海内外用户的认可。

我的创业 团队

创新是我们的灵魂，我们所有的高管、销售和技术团队都需要不断学习新的技术，并融入到我们的项目和解决方案中。

公司销售团队需通过云计算相关的培训，技术团队必须通过云计算的认证等等。我们会安排相关学习、培训的计划，包括每年列支相关比例的培训费、认证考试的费用，以及各种兴趣爱好的培训，让所有的员工充分发挥主观能动性。

我的创业 **感悟**

　　四年多的创业经历，感触颇深。书到用时方恨少，广阔的知识面是创业必备利器。在上海交大读书期间，读了三个专业，计算机是第一专业，第二专业读了国际经济和贸易，同时还涉猎了华东政法大学法学课程。创业初期，所有的合同都是自己亲自审核，这正得益于读书期间学习的相关法律知识。

　　2015 年 4 月，我获得了由商业伙伴咨询机构颁发的"2015 年方案商创新人物奖"。但我始终告诫自己要居安思危，不断创新。

　　创业中遇到的最大困难不是外部环境，而是自己的心魔，战胜自己是最重要的。因此，职业发展有三个圈：我喜欢做的，我擅长做的和被社会认可的。创业就是三个圈交叉后形成的环。

　　对于众多想要走向创业大潮的年轻人，实现自己的价值有很多种方式。创业是一条艰苦而需要坚持的路。如果想要图安稳，创业便不适合你！

秦庆增

专研"抗菌"，创新面料

秦庆增（曾用名：秦大力）的办公桌上堆放着一叠衣服，很显眼。这些 POLO 衫是捷克著名运动品牌阿尔帕尼今年推出的舒米乐纤维抗菌系列，摸上去手感十分柔软滑爽。

如同谈起自家的孩子，说到舒米乐纤维，上海庶吉仕新材料有限公司 CEO 秦大力滔滔不绝，眼中充满了兴奋和骄傲。他将英文单词"smile（微笑）"和"mild（柔和）"合并，取其音译，给这种纤维取名为"舒米乐"。他的目标是从纺织品的原材料为切入口，引领中国的纺织革新，让舒米乐纤维像莫尔代、莱卡一样，成为在世界范围内被广泛使用的纺织品原材料。

契机

从华东理工大高分子材料专业毕业后，我成为了一名从事科研的"张江男"，年薪 20 多万元，生活无忧。但我的内心始终燃烧着创业的小火苗，想要在有限的生命中尽可能创造更多的价值，这是我创业的初衷。

2010 年世博会期间，我偶然了解到，一家国际公司研发了一种人造牛奶蛋白纤维，触感柔软，足以替代被西方视为奢侈品的蚕丝。我意识到，这是一个创业的好方向。

我选择了植物蛋白作为原料。虽然牛奶中可以提取动物蛋白，但含量低、成本高。相比较而言，大豆中广泛存在的植物蛋白，更易获取，且成本低廉。在中国的农村，豆粕往往被用来喂猪，而榨油剩下的豆粕，如果用来提取蛋白、制造纤维，能增值 3 倍以上。

历经两年半的艰苦实验，我们自主研发了"舒米乐植物蛋白再生纤维"，并向国家专利局递交了专利申请。在中科院出具的评估报告中，被"认为达到国内领先水平"。

我曾经做过估算，舒米乐纤维的定价略高于精梳棉，相当于蚕丝的十分之一。舒米乐纤维非常"友好"，可以纯纺，也可以混纺，可以成为羊绒和蚕丝的替代品。它的摩擦力是和皮肤的摩擦力一致的，这意味着穿上去有种肌肤相亲的感觉。对消费者而言，最直观的感受就是能够除汗除异味。根据瑞士 SGS 专业检测机构出具的报告，舒米乐采用的专利抗菌技术，对大肠杆菌的抑制效果是国标的 5 倍，对金黄色葡萄球菌的抑制效果是国标的 12 倍。

抗菌除臭是产品的主打卖点，这一功能针对某些特殊人群将有广大的市场。比如运动强度大、出汗多的人群，加上在极端环境中，不能天天洗澡，不换衣服的人群。我们在京东上对产品进行众筹，95% 以上的陌生消费者对产品买单，产品的市场化步伐正稳步向前。

我的创业 | 经历

2011 年，带着工作多年积攒下来的几十万元，我来到浙江绍兴柯桥镇，租用一家化纤公司的实验室，开始了粕料变纤维的试验。虽然前期的技术经过反复推敲论证，每个细节尽可能地做到精密，可前几次试验的结果却给我浇了一盆冷水：一团不成形的淡黄色絮状物，与预期中那一根根洁白的纤维丝相差太远。沮丧中，我捏了捏这团"黄絮"，发觉它们似乎还能聚合在一起，这给了我坚持下去的希望。

数不清多少个日夜，我泡在实验室里，围着 40 多米长的生产线，与助手一遍遍改进试验方案。试验结果起伏不定，我一直给自己打气：方向是对的，成功的曙光就在不远处。两年半的时间，反复试验上百次，2013 年 8 月，我们最终获得了比较满意的样品，韧性足，可纺性也好，由于加入了广谱抗菌剂，具有抗菌、防臭功能的"舒米乐植物蛋白再生纤维"研发成功。

2014 年 1 月，我创办了上海庶吉仕新材料有限公司式入驻长宁区 idream 创业孵化园。在长宁区有关部门和创业园区的帮助下，我们从上海市学生科创基金会拿到了天使投资。

我的创业 | 团队

　　我们还是一个初创公司，在团队建设和激励上，我们坚持两点：第一，我们采取以小组为单元的管理模式，为小组设立目标，在以关键点和目标作为双重管控的前提下，给小组更多自由发挥的空间，激发他们的创造力。第二，我们对团队的奖励是按照级别来的，比如说，团队完成了一个任务，会得到相应比例的奖励，完成更多将会有更高的比例，上不封顶，以此激励团队的活力。

我的创业 | 感悟

　　一般来讲，纺织品有四个卖点：颜色、款式、品牌、原材料。目前国内的纺织行业主要就在颜色和款式这两个领域里竞逐，而原材料方面则乏人问津。我的目标是将舒米乐纤维打造成中国的莱卡，从原材料为切入口，引领中国的纺织革新。如果哪天买件衣服，成分标注上面有舒米乐的logo，我们就成功了。

　　创业者要承受的压力和孤独是别人无法体会的，但当你的付出换成了收获，那种甘美和满足感也是别人无法品味到的。

real

顾捷

中国"傅利叶"的"钢铁侠"之梦

————————

在被誉为中国版"硅谷"的张江高科技园区里，有家上海傅利叶智能科技有限公司，这是一个高智商团队，正在打造属于自己的"钢铁侠"——智能穿戴机器人。踏入这家创新企业的工作场所，更像是走进游乐场、电玩基地。实验室中"裸机"、零件、工具随处可见，高科技的气息扑面而来，配件仓库用彩色的塑料盒进行分类，办公区域与制作间仅用网状麻绳相隔，上面挂着团队成员的各种美照，天花板上悬着一架巨大的飞机模型……到处洋溢着轻松随意的氛围。

"傅利叶"团队的当家人名叫顾捷，是个从小充满好奇心的大男孩，有着浓厚的机器人情结，两次创业，梦寐以求用新技术改变人们的生活方式。

在大学期间，我曾代表上海交大参加各项机器人比赛，收获颇丰。在第三届"张江人才"评选中，斩获"张江卓越人才"大奖，当时作为机器人参赛队的队员，我不由萌发一个梦想：做中国的高端机器人产品。

2003 年我毕业于上海交通大学动力与机械系，在美国国家仪器（公司）工作了 4 年后选择离开外企，开始研发康复机器人。2012 年初，我拉上当年一起参加机器人比赛的同学徐振华，两个合伙人在上海一个民房里开始了第一次创业。

我们带领团队成功开发出中国首台完全自主研发的康复机器人，获得多项大奖，向世界证明中国的技术完全能达到国际高水准。当年销售额破千万元人民币，当时，全世界做康复机器人的只有美国和瑞士，功能没有我们研发的多，而我们的价格却是他们的三倍，初战告捷！

我没有沾沾自喜，又选择攀登新的高峰——研发智能穿戴机器人，开始第二次创业。我和徐振华一起"归零"后，新征程又在张江园区这片热土启航，一起成立了"傅利叶"。

我的创业 经历

对安逸生活；而另一条路，虽然很艰苦，但能让我实现梦想。只因按原有公司股权结构，我们只是一个子公司，需要尊重大股东整个集团的发展路线，所以自身发展的选择非常有限。创业路上，情义无价。虽然第一次创业是江湖式开始，但我选择了商业式的退出。当向公司大股东坦陈了自己独立发展的想法后，得到了尊重。未来，大家只是换了个合作形式。

创业之路虽然艰辛，但要做自己真正热爱的事业，才能乐在其中。创业也好，工作也好，每天都会面临无数的困难，很多事情短期似乎也看不到希望，但是只要自己心中还有梦想，就会坚持下去。

第二次创业获得了张江创业工坊在软硬件上的帮助，完成了IDG资本、张江科投的第一轮融资。新公司以"傅利叶"注册，此举融入了一贯的科学"情怀"。在我看来，19世纪的傅利叶是伟大的数学家，"傅利叶变换"是近代信号处理的基础，每个理工男大学时候，都做过无数个傅利叶分析。而今，我们研究的人工智能、机器人，都和傅利叶智能密切相关。

2016年8月17日，国务院正式发布了《"十三五"加快残疾人小康进程规划纲要》……这预示着康复医疗发展的春天已经来临！

我的创业 团队

创新团队首先离不开志同道合的伙伴。我的联合创始人徐振华独立主导研发设计的下肢康复机器人，具有世界领先的技术水准，其作品屡屡获得国际大奖。

我们"傅利叶"团队的成员大多来自清华和交大，打造团队如同构建一个"明星球队"，球队的管理也非常有意思。球队的目标很简单，就是要赢。那么伙伴之间就要互相信任，这样才会有配合和协作，但本质上，需要每个人真正发挥出自己最大的价值。我们要的不是一个谁大听谁的"官本位"组织，而是一个全明星NBA球队的组织。每个球队哪怕是队长对其队员的控制力和管理都是极其有限的，但必须都是为了圆一个共同的梦而拼搏。

我的创业 | 感悟

　　"傅利叶"团队正在让幻想成为现实，这将是实现科技强国的一部分。如果说 2015 年是 VR 元年，那么 2016 年则是智能机器人元年，我们对未来充满信心。

　　作为连续创业的"过来人"，在创业过程中，成功的经验少，失败的教训多。对其他正在努力奋斗的创业同道，希望大家勿忘初心，因为心中有梦想，就会坚持下去。我始终的梦想——做出中国高端机器人产品，向世界证明中国的技术完全能达到国际高水准。

梦创上海

顾碧芳

"火柴"助燃少年创新之火

———————

　　顾碧芳为人温和内敛，但对少年科创事业有着火一样的热情，她与先生吴强共同创立了上海乐田网络科技有限公司。乐田旗下的教育品牌"火柴人"专注于青少年创新力的培养，他们自称为"火柴爸爸"、"火柴妈妈"，"火柴人"的梦想是——打造中国少年创客的第一摇篮。

　　少年强，则中国强。"火柴爸妈"正专注经营这个特殊的创意孵化平台，专门帮助中小学生把自己的创意点子变为现实，重在激发中国少年的创新力。

契机

我先生吴强的第一份工作是做国际教育，主要是引进国外教育资源，先把外国教育模式和师资引进来，然后把中国学生送出去。在实践中，他看到了中外教育的差异：国内教育注重知识和概念的掌握，反复做题也是为了巩固知识和概念；而国外课程更注重个性的培养和团队的协作，很多作业都由团队成员携手共同完成。同时，国内的中小学受限于班数多、实验室不足、创新师资队伍缺乏等问题，学生很少有机会亲自动手做实验，这大大制约了创新教学效果。

我们为何不打造一个创新教育的平台？我非常赞赏他的想法，于2012年开始创业，投入"火柴人"产品的研发。有人说夫妻共同创业，就相当于把鸡蛋全部放进一个篮子里，风险太大。但做什么都有风险，我们做的是一件有意义的事，大家齐心协力本就是一件幸福的事。

公司里，我负责运营，"火柴爸爸"负责战略和开发，合作十分默契。"火柴爸爸"自主研发了一款魔幻板，这是一种由圆圈和方格构成的柔性塑料板，可以任意组合、扣搭、裁剪、弯曲、折叠，且材质"达到食品级安全"。他的创新灵感缘于中国传统的剪纸。

我们将电子模块与"魔幻板"组合，让学生们5分钟学会编程，无限激发学生们的创造力和自由表现力。上南东校把"火柴人"请进学校，校长欣喜地说，与本校老师不同的是，"火柴人"更具发现和引导学生创意点子的能力。比如该校初二女生陆雨的多功能床头柜，在今年的未来工程师大赛"创客星空"中获得第一名。当陆雨第一次将创意告诉"火柴人"时便得到了支持，她说，"我只是出了个点子，但具体如何入手研发，如何使创意更丰满、更现实，'火柴人'给了我很大的帮助"。据统计，两年来，50多名中小学生经过"火柴人"的创意孵化，在全市的青少年创新大赛上获得佳绩。

2016年，投资者针对K12在线教育行业的投资热情不减，特别是对教育的垂直细分领域。随着教育改革的深化和教育部"家庭教育"的推进，我们相信，素质教育领域将在2017年进入快速增长通道。

我的创业 经历

2014 年创新创业大赛时，我们提出了"少年创客"的概念。"火柴人"团队凭借先进的教育理念，具有创新力的魔幻系列课程，完整的发展推进计划，摘得了第三届中国创新创业大赛互联网组教育项目第一的桂冠。

实际上，魔幻板的诞生并非一帆风顺。选材方面，最开始我们想用金属箔，既有质感，又有色泽。但是雏形做出来以后，发现金属箔会划伤孩子。后来，经过反反复复试验，最终确定了现在的塑料材质。

如何让学生的兴趣得到可续性的培养，是"火柴人"在做课程顶层设计时思考最多的问题，所以整个课程内容难度是呈螺旋阶梯式上升。目前，"火柴人"在上海已有 200 所合作学校，涉及了 14 个区县。"火柴人"在三类课程（基础课、拓展课、探究课）中已经全面覆盖，目前已经成为十几所学校的必修课。

今年暑假，"火柴人"向社会开放——少年创客培养计划训练营。我们认为，能力的提升和品格的养成是给孩子最好的财富，而不只是学科成绩。

创新意识需要从小引导，社会须给孩子成长的土壤，给家长理解的时间。

我的创业 **团队**

　　团队不是通过一套固有的办法训练出来的，而是一起做事，一起分享，一起成长而走出来的。有着美好梦想的团队，才是有战斗力的团队。

　　有一次，凌晨 1 点多，突然想起第二天早上还要准备一份报告，但当我走进办公室的时候惊呆了，依然有小伙伴在忙着，暖心的同时又生不舍。其实他们已经不是第一次这样了，只是他们没有说。如果以前是带着伙伴们向前冲，而现在已经是一起朝着目标前行。创业最难忘的事莫过于，不论遇到什么困难，不论人在哪里，心都在一起的那份火热的信任。

我的创业 **感悟**

　　创业者，一定要能静，静过之后的动，往往是真意义。特别是面对挑战和诱惑时，怀抱正念，胆大心细，奋勇直前。

　　"火柴人"的使命是，让创新成为公司发展的基石，火柴划出的点点光亮，必将"助燃"少年创新之火！公司在未来几年内将立足北京、上海、广州、深圳等一线城市，并向全国范围内扩展。

徐仁彬

打造中国游戏产业的"波克王国"

————————

　　三十而立的徐仁彬，目光清亮有神，穿着牛仔裤休闲衬衣，深沉寡言，质朴随和，员工都叫他"彬哥"或者"阿彬"，他喜欢这个称呼。

　　时光回到 12 年前，几个热爱游戏的小伙子捣腾着开发游戏，开始草根创业。在这个巨鳄和草莽云集的行业，他们有的仅是年轻的热血和初生牛犊的冲劲，无数次地摔打、锻造，野蛮成长。

　　徐仁彬经历了艰苦的创业，但也赶上了中国游戏产业全面爆发的黄金时代。波克城市作为开发国内第一款 3D 界面斗地主网游的游戏开发商和平台运营商，波克城市旗下的《波克斗地主》《波克麻将》《捕鱼达人》《波克中国象棋》等多款棋牌游戏，俘获无数玩家。如今，整个平台的注册用户过亿，日活跃用户超过 600 万，从 PC 到手机再到智能 TV，波克城市打造了属于自己的全平台精品休闲游戏运营体系。

2004 年，当时 19 岁的我靠卖电脑、开网吧积累的些许经验，与几位小伙伴商量着开始创业，理由很简单：想要过得好一些。做什么呢？我们几个草根出生的年轻人，将目光锁定在自己感兴趣的电脑游戏上，尝试研发类似于斗地主的休闲棋牌游戏。

刚开始，我们做了三年的外包研发，由别人运营分成。到 2008 年，积累了资金后，我们决定自己控制研发、运营、市场整条产业线。2010 年，上海波克城市网络科技股份有限公司正式成立。

当年，波克城市做出了中国第一款由伪 3D 方式呈现界面的斗地主棋牌游戏，如今最常见的棋牌游戏界面，当时却被人笑话为完全没有必要。有人说："一个做棋牌的，还搞什么 3D！"

棋牌游戏与其他游戏不同的是，它更考验运营的能力。棋牌游戏不是 RPG（角色扮演）游戏，用"升级打怪 PK"增加用户黏度；也不像单机游戏，用过关解谜的新内容来留住用户。棋牌游戏要想留住玩家，考验的是整个团队的精细化运营能力，怎么让玩家胜得有成就感，败得有存在感。

由于在棋牌游戏领域的精益求精和不断创新，波克城市赢得了口碑和市场。从 2010 年至今，波克棋牌获得了大量固定的忠实用户：PC 端积累用户超过 1.2 亿，移动端有用户超过 1 亿。

我的创业 | 经历

2013 年，随着智能手机普及，游戏市场悄然酝酿着一场大变局。在此之前，我们一直认为休闲游戏的产品线周期都很长。而到 2014 年智能手机全面普及，波克城市的 PC 业务受到严重的冲击，玩家数量下滑得非常厉害，新增用户数非常有限。

这是我第一次感受到公司转型的压力。当时我们只有 20% 研发力量在开发手机业务， PC 占了公司 90% 以上的营收，新业务则是个未知数。不久，我做出非常大胆的决策：留下 30% 的人力维持原有的 PC 业务，另外 70% 的人力分为四组，"背水一战"，开始去做手机业务。 如今的结果振奋人心：四个项目全部盈利，公司的移动业务营收已经大幅度超过了 PC 业务。

公司发展的 6 年历程，从最初专业做休闲游戏娱乐平台，逐渐拓展到多元化游戏领域。目前，波克城市已发展成为一家集研发、运营、市场为一体的公司。

我的创业 团队

　　草根创业，招揽人才成为第一块拦路石，有经验的行业人才都被大公司吸引，我们只好招应届毕业生，手把手培养。如今，公司 90% 的高管，当年毕业的第一份工作就在波克城市，伴随着公司一路发展壮大。直到今天，很多人都在挖波克的人才，只要波克人出去做棋牌，工资就会涨 2 倍。

　　我一直说，波克是一家"慢"公司。我从来不去外面挖高管，不求一日千里，只想一步步来。公司之前收购了一个做单机游戏的团队，刚开始由于他们对网游不熟悉，推出来的产品得不到市场的认可，公司业绩一直在亏损。但我们并没有因此对新加盟团队施加压力，而是鼓励团队。游戏行业的规律是，产品一旦被市场认可，爆发力迅猛。今年，该团队已经为公司完成了 10 亿元的营业额。

　　稳固的团队是波克城市制胜市场的法宝之一。公司内部实行普通员工拿薪值、中层核心干部拿奖金、制作人级别持股为主的分红模式。每个项目组都是独立的，项目业绩好，别人分享你的红利；业绩不好，你分享别人的红利，这就是稳固的团队作战。这只有在"慢"公司才有可能实现。

我的创业 感悟

　　波克城市未来将借助资本的力量，对市场进行资源整合。我们计划，一来继续在国内已经成功研发和运营的《捕鱼达人》产品上深耕，把它打造成经典的知名休闲游戏 IP；二来会把新的产品推向海外市场。

　　草根创业能走到今天，获得一定的成绩相当不易，感恩时代的机遇。从年少时的无知无畏，到经历创业的艰辛磨砺，现在慢慢发现创业是没有终点的长跑，起起伏伏是常态。每个公司都有自身的特质，相信团队，学会用有限的资源创造最大的价值！

唐晓峰

素有创业志，深耕新材料

————————

  从小就充满冒险精神的唐晓峰颇具商业头脑。放弃了到手就读美国名校的机会，毅然投身自主创业。扎根材料细分领域，执着耕耘于新材料的研发，不断超越自我。

  唐晓峰一直把埃隆·马斯克视为偶像，他推崇做实业的科技创业者。他认为，只有科技创新研发的产品，才能为能人类创造更美好的生活。

我的创业 | 契机

2010 年对我而言是难忘的一年。年初，由我自主开发的先进纳米材料项目，在松江区大学生创业大赛中脱颖而出，获得上海市大学生创业基金会松江分会最高额度的 30 万元创业基金，和 230 平方米的免费办公场地。同时，美国材料专业排名前 10 位的佛罗里达大学材料学院也寄来了录取通知书。

是承担风险投身创业，还是去异国他乡求学深造？举棋不定之际，导师的劝导让我下定决心。其实，我小的时候就有创业的念头，初中时曾做了一个叫"移动图书馆"的项目，向学生们出租系列推理小说，短时间就收回成本。

大学最后一年，我做过餐饮配送的创业项目。那时，网上点餐还未兴起，我在松江大学城，把上百家餐厅的食品放到网上，一时也做得风生水起。我觉得，25 岁到 35 岁这个年龄段，是创业的黄金时期。

选择材料作为创业方向并非偶然，从本科到研究生，我的专业都是材料，对该领域有较深入的研究。我认为，只有材料这个相对基础领域的科技水平提高了，工业才会获得支撑的基础，才能真正发展壮大。

在专业学习中，我发现国内很多材料与国外大公司相比差距较大，与其将来在国外大公司打工，不如在国内自主研发产品，希望我们研发的产品，能够打破国外一些公司对市场的长期垄断。

创业三年后，公司逐渐有了起色，我果断把公司盈利投入新产品研发，规划两到三年开发一种全新产品。目前我们正在研究新材料——"二维纳米材料"，并希望这种材料应用到蓄电池存储中，能将电池蓄电存储能力提高三到五倍。在未来，电动汽车充一次电就可以跑 2000 公里。

我的创业 | 经历

　　创业后的第一个春节，我做了一个决定：没研发出新产品，就不回家过年！思儿心切的父母也很心疼，但拗不过固执的儿子。我在实验室里度过了整个春节，每天做实验 10 多个小时。

　　终于，我的坚持让我迎来新产品的问世，也迎来多笔订单。量产是需要大量资金的，我毫不犹豫拿出家中所有积蓄，创业伙伴也卖掉房产，可以说我们押下了全部的赌注。事实证明，我的冒险是值得的，一年后，新产品终于成功，品质也十分稳定可靠，获得客户的一致好评，并签订了长期合作协议。

　　四年前，我们开始着手新型免喷涂塑料的研发。虽然市面上已有相关产品，但因为技术原因，几乎所有的材料都会有流痕。为了开发这一款高性能材料，做了大量应用试验，我曾连续站立操作螺杆挤出机近 30 个小时。这种全球首创的无痕免涂材料，与传统的喷涂塑料相比，可节省 20%-40% 的成本，连生产设备也是自己设计和组装的，我为我们的团队感到骄傲。如今，多家大型制造公司争相采购这种材料，一时间供不应求。

迎风起舞的青年创客

170
——
171

我的创业 团队

我们公司采用了两个比较新的制度：一个叫做阿米巴独立核算制度，就是学习稻盛和夫的理念，把公司的各个环节从财务上进行拆分核算。在每个流程进行之前，让各个小团队独立核算自己的成本及收益，这样就可以促进成本最小化和收益最大化。另一个合伙人制度，主要针对公司中高层以及核心骨干。将合伙人分为了预备、普通、核心、终身和永久五个级别，从普通合伙人往上的四个层级，都可以参与分享每年公司取得的利润。我们会把完成年度目标的奖励和利润增长这两部分，拿出来作为分红奖金池，由全体合伙人分享。

一旦成为核心或者终身合伙人，不但有奖金池分红，还会有公司的期权和股份，这就把短期和长期的利益绑定在一起了。当然，我们也有升降进退的机制，如果合伙人做得不好，可能会降级也可能直接从合伙人体系里退出。

我的创业 感悟

我们致力于成为一家优秀的、受人尊重的新材料公司，希望未来有一天，无论是普通消费者还是工业企业，在选择新材料的时候，都能知道有一家叫朗亿的公司，不断在提供最优秀的材料解决方案，我就会特别开心。

创业六年，我觉得创业中的状态非常好，每天虽然都比较忙碌，但是我做的所有事情都是我主动的选择，我非常愿意去享受、去承担，我的生活也因此变得特别有意义。

程抒一

"白板"上书写灿烂人生

———————

程抒一办公室的墙上，挂着书法作品："器者不器"。这是他的座右铭，时刻提醒自己，想要成大器，必博采众长，专冶一炉。

出身书香门第，80后光学工程博士，程抒一是充满激情的学霸，察社会之所需，扬少年之英气。上海交通大学毕业后，毅然投身创业浪潮。他脚踏实地，潜心研发，引领互联网时代书写新时尚。在一块"白板"上，书写灿烂人生。程抒一团队研发的"白板"——"边界 Border"，在上面所有的书写轨迹都可以被矢量记录，并实时识别成文本，无论用户身处何处，都能通过移动终端设备，接收到书写信息。

每个创业者心中都有一个白板，程抒一在白板上磨砺着自己的思想。未来，白板的承载体，将不再局限于一块金属材质的白色物体，凡是能够书写的平面体，只要安装上触摸框，都能够成为及时传输信息的神奇"白板"。

　　我的父母都是教师，从小我在浓郁的学习氛围中成长。因为学习成绩一直在班里名列前茅，我就成了家人、亲友、邻里口中的"模范学生"。高考以优异的成绩考进了上海交通大学。

　　2005 年，大学毕业后，我没有像同龄人一样找工作，而是和两位志同道合的伙伴，针对大学校园最后一公里的配送问题，做起了餐饮、零售方面的电子商务。当年这样的创业项目确实填补了行业空白，但创业前期的"烧钱"推广不可避免，于是，在很长一段时间里，企业没有盈利。2008 年终止了整个项目。

　　再一次出发，需要更多的勇气和积淀。在此后的一年时间里，我一直在调整自己，反复思考一件事：是否应该将创业定位回归到最擅长的电子技术领域。

　　那时，苹果 iPhone3 异军突起，触摸屏的使用在更多领域得到延伸，人机交互时代的来临，最终给了我创业灵感。2009 年，我决定再次创业，成立优熠电子科技有限公司。进军我熟悉的电子技术，专攻人机交互领域，研发出了这款实时传送信息的"白板"。

　　公司目前已经完成初步市场测试，在日本和我国台湾地区建立了销售渠道，预计今年完成销售额 1000 万元左右，目前市场反馈很好，美国韩国渠道正在建设，明年预计销售 5000 万元。

我的创业 经历

　　我的梦想是将一块普通的白色金属材质书写板，变成具有传输功能的"魔力"平面，赋予"白板"新的生命和内涵。经过团队的潜心研发，公司推出的"白板家"产品，让传统的书写板使用模式发生了革命性变化。

　　现实也远没有想象中那么美好。原以为样品出炉，产品就能很快实现规模化生产，可直到2011年，公司的产品才真正上市。创业前期，公司一直处于研发阶段，资金投入达到500万元，且没有任何收入来源。幸好，我们遇到了风投。研发过程的艰苦历历在目：跨过无数次的坎，碰过无数次的壁。在

一笔欧洲大客户订单中，为了满足客户多次严苛的电子干扰测试，团队研发成员在欧洲整整待了一个月，想尽办法，最终设计出了客户心中满意的触摸屏产品。

　　如今，公司的产品日渐丰富和完善，从会议室、商用展示的110英寸超大画面触摸墙，到独有的多屏互动技术，实现笔记本、平板电脑和大屏幕无线互动。我们的研发团队两次荣获高新技术成果奖、两次获得上海市科技进步奖，团队申请专利70余项，其中国际专利4项。我本人还获得"上海市科技青年启明星"称号。

我的创业 团队

作为技术型公司，发展起步中最大的投入便是研发。创业之初，我们吸引了多名技术精英组建团队，其中包括中国工程院院士，"国家千人计划"教授等。通过股权的方式形成稳定的核心团队，目前公司也在积极推进合伙人制度，覆盖全公司优秀人才。

从最初 3 人的创业团队，到现今 40 余人的高科技技术企业，我们一路走来，创业的点滴都令我们回味无穷。

我的创业 感悟

创业只有坚持创新，才能与时俱进，让企业扬帆远航，在行业中占有一席之地。

"认真、改变"是我们一直信奉的创业"情怀"。研发阶段，这是不可或缺的附加值，有时甚至超越了产品本身。

回首创业路，我对个人价值实现的渴望，远远超过对金钱的渴望。我们不只是在做产品，更是为了改变人们的生活方式。

程思祺

益涂，把红海"描绘"成蓝海

————————

程思祺的办公室一角，整齐码着几排蓝色塑料小盒子，小巧玲珑的透明外包装盒，看上去就像小朋友上美术课时用的颜料盒。他一边打开盒子，一边展示里面的宝贝：涂料、刷子、彩色画笔，并开始用画笔在墙上随意书写。他说："这墙上刷的'益涂'，是一种纳米涂层，涂在墙上后墙面可以任意写画并轻松擦除。"

程思祺不打算与涂料市场的几大寡头争地盘，他将自己的涂料定位在玩具领域的细分市场，激发孩子无限创意，在红海中挖掘出一片蓝海。

我的创业 契机

我毕业于上海交通大学 MBA，曾以管理培训生身份，加入全球知名涂料品牌多乐士，并先后在多乐士英国和中国总部工作。

我实际上一直想创业，但当时我和几个合伙人都在外企工作，收入不差、职位不低，也算丰衣足食，并没有离开的冲动，直到出现一次契机，才让我下定决心走上创业之路。

为了完成交大 MBA 中"创新与创业"这门课程的作业，我研发了一种可反复擦拭的涂料，并把这个想法作为作业提交给老师。没想到老师看完后连连称赞，竟建议我代表交大参加上海市举办的创业大赛。就这样，我获得了一等奖，惊喜之余，老师又鼓励我进军全国性的创业大赛，然后又拿回了一等奖。

这个时候，连我们老师都催我了："你已经有这么多资金了，手上也有这么好的项目，不赶快创业还想什么呢！"我就跟合伙人讲，一起做吧，创业就这样开始了！

作为多次获得创业大奖的环保涂料，迅速得到资本界的关注。2013 年，尚在天使期的项目，得到了混沌投资的青睐，"破格"注入资本。2014 年，我们成立了一家名为"益涂"的创意涂料公司。据统计，家庭涂鸦墙和办公书写墙的需求巨大，市场规模超过百亿。相比全球涂料巨头的产品营销运作模式，益涂却走了一条截然不同的道路。我们希望益涂涂料产品，更像一种儿童大玩具，在线下和互联网平台同时销售。

经历

Hipaint 益涂品牌一开始就在美国注册。我们的团队选择研发更环保的水性涂料，具有高强度的耐擦涂料产品。

在中国做涂料很难，如果施工流程稍微复杂一些，很多工人会拒绝施工，甚至劝说雇主"这材料不好用、不能用"。

益涂涂料产品由牛津大学博士带队研发，可以应对墙面的各种状况，国内建筑科学院的数据统计分析表明，益涂涂料产品在创新上有重大突破。另一方面，益涂涂料产品还在施工便利性方面也有创新突破。

目前，全国已经有上万个家庭使用了益涂涂鸦墙，上千家企业使用上了益涂书写墙。如腾讯、阿里巴巴、HP、IBM、GE、SAP 等众多创意企业，都在使用益涂的纳米涂料，并远销全球 13 个国家和地区。

我的创业 | 团队

　　益涂比较重视企业的激励制度，作为管理者，我们要确保员工多劳多得，奖罚分明。做得好的要奖励，做得不好的一定要惩罚。同时将员工利益与公司利益绑定，让每个员工清晰体会到公司好才能个人好。当然，我们也为每一位员工创造未来发展的机会。

我的创业 | 感悟

　　益涂的愿景是要成为全球书写墙领导者。

　　创业至今，我深切感受到创业者面临的大大小小的困难比想象中多得多。小到寄个快递，大到经销商合同签订，都要创业者亲力亲为。创业过程中，受到挫折不可避免，但回头想想也会觉得很有意思。这就是创业的必经之路！

　　我建议青年创业者，尤其是刚刚走出大学校门的大学生，可以先在创业企业工作，锻炼自己，开阔眼界，积攒人脉，然后再考虑单独创业。蝙蝠侠是超级英雄，蝙蝠侠的好伙伴罗宾也是。大学生如果没法立刻成为蝙蝠侠，可以先做罗宾，帮蝙蝠侠做英雄。

曾 勇

军营中走来的文化使者

———————

　　拥有 18 年军旅生涯的曾勇（曾用名：曾虹源），身材挺拔，为人周到热情，讲话斯文而清晰有力，军人的浩然正气和文化人的儒雅沉静在他身上和谐相融。

　　几年前，曾勇脱下心爱的军装，勇敢追寻艺术之梦，创立了上海瀚赢文化传播有限公司。他热爱文化传播事业，以向世界传播中国文化的正能量为使命，汲取传统文化精华，打造一流文化传播团队；他用军人坚毅执着的精神和勇猛顽强的干劲，应对创业路上的艰难险阻，并助力复转军人创业。

　　走上了文化创业之路，曾勇这位怀揣文艺梦想的硬汉正以澎湃的热情与正气，谱写一段关于梦想、关于情怀的励志故事。

2010 年对我来说是终身难忘的一年。时任上海警备区文工团团长的我，被借调到上海世博会开闭幕式的核心导演组。为研制出别具特色的装置，我熬过无数个不眠夜。后来，世博会舞台上的磁悬浮编钟、悬空弹琵琶、创意水晶球、小球矩阵、树上开花等创新项目都有我的参与。

世博会让我对自己有了新定位，我愈发清楚自己最爱的还是文化传播。从军 18 年，我做出了艰难的选择，脱下心爱的军装去追寻"艺术之梦"。2013 年，我在光明创业孵化基地，创立了上海瀚赢文化传播有限公司。

瀚赢将传统文化与高新技术有机结合，在多个领域开花，除了传统意义上的文化传播、影视制作、演艺项目之外，还在展览展示业务上，也成功打造

了很多精品。我们设计装饰了陆家嘴金茂大厦"路虎捷豹"等 9 个 4S 店；设计建造了警备区某部文化活动中心、旅史馆；建造周浦文化服务中心剧场，并提供托管服务；策划主办了第十四届全国故事大王比赛、亚洲音乐节。今年，我们制作完成了首部军旅题材的碎片式爆笑网剧《极品士兵》第一季《极品士兵之新兵入伍》，并在腾讯播出。

除了打造精品文化活动，作为一名转业军人，我血液里的军人情怀从未冷却，一直在思考如何为复转业军人做些实事。随着兵源结构的调整，当代军人中有相当比例是大学生，他们的优势不言而喻。然而，转业后却常常面临择业的困难，多年相对封闭的训练和生活，让军人与社会存在不同程度的脱节。我决定和团队一起筹建"上海复转军人创业创新基地"，希望社会关注复转军人这个群体，助力军队转业、复员人员重新融入社会。

我们团队正在积极开发 APP，预计年底上线。计划与教育资源丰富的沪江网进行线上合作，在线下结合蚂蚁空间的场地展开技能培训，期望转业军人可以借此发现自身的择业优势和创业潜质，拓宽未来的发展之路。这个 APP 还可以作为用工单位发布招聘信息的平台，军人也可以通过平台发布简历，找到合适的就业岗位。我们的创业基地，还将选择优秀的创新项目进行扶持孵化。

我的创业 | 经历

　　创业之初，缺乏资金和人手，我想尽各种方法，在市场上寻找机会，通常需要以单兵作战的方式完成集团军任务。

　　初期的一次策划经历令我终生难忘。当时接到一个挺大的活儿，但苦于前期人手有限，只能单枪匹马上阵。我一个人做策划，注册了三个邮箱，将邮件在不同邮箱之间转发，再发给客户，给对方造成团队作战的感觉。其实，从活动策划，到舞美设计、灯光技术，再到节目的制作方案，都是我一个人完成的，最终凭借出色的策划成功签单。

　　为了节约成本，在很长一段时间里，我都是独自完成一个团队的工作量，感谢在部队的历练，造就了我个人的综合能力。但我意识到，单兵作战不是长久之计，建设团队至关重要。如今，我们的核心成员全部来自供应商，这是一支精兵强将的优秀团队。

我的创业 | 团队

我有三点打造创新的团队感想：第一，让团队知道什么是创新。第二，让团队知道哪些创新是有价值的。第三，要培养团队自我创新的能力。我们从事的是文化传播行业，每天都跟创意、策划打交道，好的创意价值是不言而喻的，提高团队的创新意识是公司发展的基石。

我在激励团队方面也采取了创新的模式。之前我们都是以项目部的形式，让团队为企业做事。如今，我将项目部注册成单独核算的公司，让团队领导人自主创业，我在他们的公司里占有股份，为他们提供工作环境，给他们派单，帮助他们完成项目。

我的创业 | 感悟

我对未来的展望是，争取在三到五年内将企业分流成 6 个独自运营、财务独立核算的公司，包括公关公司、影视制作公司、展览展示公司、装饰设计公司、活动策划公司、舞台设备公司。每个公司都朝一米宽、一千米深、一万小时努力，就像打井一样，打一口一米宽的井，往一个方向不停地打，挖地三尺，真正做到专、精、深，才能有源源不竭的收获！

做有格局、有智慧、有担当的人，是我始终坚持的信念。

鲍丽丽

用一碗茶汤与世界对话

———————

走进位于南六公路上的徽派百年古宅"大夫第",几位身着汉服的女子轻盈奉上青绿色的茶汤净手,为客人洗去一路尘埃。这里是上海茗约茶文化艺术中心,被称为"茶仙子"的鲍丽丽在此自创品牌,用出世之心,做入世之事。

15岁时,鲍丽丽与禅茶结缘,从此痴迷于一片茶叶,以茶安身立命,走入智慧幽深的茗茶世界。她与茶之间,是今生彼此的关照和成全。

谈起未来的商业规划,泡茶时仙气飘逸的鲍丽丽,尽显沉着干练的女企业家气质。与茶结缘、因茶悟道的茶仙子鲍丽丽,正致力使中国茶道所蕴含的优雅生活方式走向世界,将中国茶文化推向产业规模化。

我的创业 | 契机

2010 年，上海举办世博会时，我受邀出任世博会茶文化推广大使。那时，我的儿子仅 4 个月，尚在哺乳期，犹豫之际，一位老师的话让我下定了决心："上海世博会，不会因为一个人再开一次。"

在历时半年的盛会中，我用中英文向全球宾客尽展博大精深的中国茶文化。世博会后，组委会授予我"茶仙子"的称号，并由联合国秘书长潘基文颁发。这次经历为我打开了一扇窗，也让我决心向世界传播"这一杯中国茶"。

我带着一批年轻的茶学士、茶硕士，在繁华都市中辟出一处静心安神之所，传播中国茶道。数年后，在浦东南汇的"大夫第"，我们建立了茗约茶文化艺术中心。

在茗约，除了传授茶道，我们遍请名师，开设花道、香道、传统服饰等雅集，希望通过妙思新意，在传统文化中寻找静雅之行，让更多现代爱茶人体验美妙的中国式生活。

我的创业

经历

茶是一个不确定的艺术品，我们需要各个环节，让人综合体验到茶的完整性。为什么星巴克可以开遍全球，而中国茶做不到？我一直在思考这个问题，如何让更广的人群感受到这是一个饱满的茶品，而不仅仅是饮料。

回归到根本，我想通过我们的努力保护中国茶的原生态，尊重古树茶资源的稀缺性，留住中国茶的根。我们与浙江大学联手，建立了国内第一个中国茶基因库，探讨以保护中国野生茶为宗旨的自然文明。

五年中，我和我的团队，从云南、四川、福建、广东，到宝岛台湾，用脚丈量了中国各地的茶山。许多地方荒无人烟，蛇虫草莽，让人不寒而栗。我们靠着向导，带着干粮，背着帐篷，常常为了寻找一棵传说中的茶树，一连几天出不了深山。记得在云南勐库大雪山步行 7 个小时后，站在屹立千年的古茶树之下，迎面扑来的悠远清甜的茶香，让我泪流满面。"茗约"的茶仓如今陈列了 100 座茶山的样品茶，建立"中国云南古树名山茶叶基因库"，这是我们梳理和总结中国茶文化的一部分。

中国茶在我看来，是有感情、有灵魂的。我在上海创业，上海不产茶，但我立志在几乎不产一片茶叶的浦东，打造中国茶文化的高地。

我的创业 团队

从茶的美学，再到茶的科学，倘若没有专业和科学支持，这样的茶文化恐怕是玄的，是虚的。在团队建设这块，一开始我只招茶文化专业的毕业生，哪怕对方没有工作经验。一群热爱茶文化的年轻人，在最青春洋溢的年纪，在做中国最美丽的茶文化传播事业。

我现在要做的，就是把这杯中国茶做好，好在团队一直有这样一股劲儿，不光有资本的力量，还有专业的支持，以及社会责任。希望通过我们这支美丽的团队，将这种健康美好的生活理念传递给更多人，让更多人不再停留在对茶本身的品鉴上，而且能深入地理解并认同茶文化，成为共同传播中国茶文化的伙伴。

我的创业 感悟

我们企业未来的定位清晰，即将落户上海中心的"茗约茶仙子"，更重茶文化的传播与推广，面对高端受众。位于市中心的"茗约禅溪"面向的是大众消费，让大众享受到高性价比的质量与服务。我们设想未来茶馆发展将走规模化道路，预计3年开100家。随着国家"一带一路"战略的实施，响应让中国文化走出去的号召，计划今年率先在英国伦敦开设一家中国现代茶馆。

今年年底，我们将推出一款智能泡茶机：利用传感器获取优秀茶人泡茶的参数，植入机器中，还能用语音指导科学冲泡与饮茶。这就如同将一位"智能茶仙子"带回家，意在普及大众健康饮茶。

未来，我们还将通过对中国茶基因组的测试分析，提取茶叶中的有效成分，应用于食品、医疗、家化等行业，发展潜力巨大。

善做茶事，善待茶友。茗约的远景布局将集文化、消费、科技于一体，打造规模化、产业化的商业版图，借助资本力量更广泛地传播茶文化。

图书在版编目（CIP）数据

梦创上海：迎风起舞的青年创客／解放日报社，共青团上海市委编著 . 一上海：上海三联书店，
2016.10
ISBN 978-7-5426-5714-5

Ⅰ . ①梦… Ⅱ . ①解… ②共… Ⅲ . ①青年 – 企业家 – 生平事迹 – 上海 – 现代 Ⅳ . ① K825.38

中国版本图书馆 CIP 数据核字（2016）第 238563 号

《梦创上海：迎风起舞的青年创客》

编　　著：解放日报社　共青团上海市委
责任编辑：姚望星
策划 / 摄影：王江红
撰　　文：黄银龙　赵晓敏　陈　静　陈珍妮
设　　计：刘云韵
监　　制：李　敏
责任校对：张大伟

出版发行：上海三联书店
　　　　　（201199）中国上海市都市路 4855 号 2 座 10 楼
网　　址：www.sjpc1932.com
电　　话：24175971（邮购）
印　　刷：上海雅昌艺术印刷有限公司
版　　次：2016 年 10 月第 1 版
印　　次：2016 年 10 月第 1 次
开　　本：889×1194mm 1/20
字　　数：52 千字
印　　张：9.8
ISBN 978-7-5426-5714-5 / K · 403
定　　价：190.00 元

敬启读者，如发现本书有印装质量问题，请与印刷厂联系　021-68798999